湖北省公益学术著作出版专项资金

Hubei Special Funds for Academic and Public-interest Publications

湖北博物馆馆藏陶瓷文物保护与利用研究丛书（第一辑）

李　奇　主编

蕲春县博物馆馆藏陶瓷文物保护与利用研究

游万明　王双超　主编

湖北省博物馆　蕲春县博物馆　编

张竣乔　张济夏　副主编

武汉理工大学出版社

·武汉·

图书在版编目(CIP)数据

蕲春县博物馆馆藏陶瓷文物保护与利用研究/游万明,王双超主编;湖北省博物
馆,蕲春县博物馆编.—武汉:武汉理工大学出版社,2023.12
(湖北博物馆馆藏陶瓷文物保护与利用研究丛书/李奇主编.第一辑)
ISBN 978-7-5629-6925-9

Ⅰ.①蕲… Ⅱ.①游… ②王… ③湖… ④蕲… Ⅲ.①古代陶瓷—文物保
护—研究—蕲春县 Ⅳ.①K876.34

中国国家版本馆 CIP 数据核字(2023)第 234402 号

Qichun Xian Bowuguan Guancang Taoci Wenwu Baohu yu Liyong Yanjiu

蕲春县博物馆馆藏陶瓷文物保护与利用研究

项目负责人:王　思
责 任 编 辑:王　思
责 任 校 对:黄玲玲
版 面 设 计:正风图文
出 版 发 行:武汉理工大学出版社
地　　　　址:武汉市洪山区珞狮路 122 号
邮　　　　编:430070
网　　　　址:http://www.wutp.com.cn
经 销 者:各地新华书店
印 刷 者:武汉精一佳印刷有限公司
开　　　　本:889 mm×1194 mm　1/16
印　　　　张:13
字　　　　数:202 千字
版　　　　次:2023 年 12 月第 1 版
印　　　　次:2023 年 12 月第 1 次印刷
定　　　　价:196.00 元

湖北博物馆馆藏陶瓷文物保护与利用研究丛书（第一辑）

编委会

P 丛 书 前 言
Preface to the book series

陶瓷器物自古以来都是中国非常重要的生活用具、艺术作品和贸易商品，是中国文化中最具世界影响力的元素之一。它贯穿整个中国社会发展历史，每个时期生产的陶瓷器物都承载着那个时期社会发展方方面面的信息，有的幸运地遗留至今成为文物，因陶瓷材料化学性能稳定而成为历史真实的"记录器"。

党的十八大以来，以习近平同志为核心的党中央高度重视历史文化遗产保护传承和文物保护利用工作。习近平总书记多次对此作出重要指示批示："要把历史文化遗产保护放在第一位，同时要合理利用，使其在提供公共文化服务、满足人民精神文化生活需求方面充分发挥作用""要加强考古工作和历史研究，让收藏在博物馆里的文物、陈列在广阔大地上的遗产、书写在古籍里的文字都活起来，丰富全社会历史文化滋养"。

陶瓷材质的文物是各个地方博物馆收藏品中的大宗门类之一，大多征集或出土于当地，是当地社会、经济、文化发展历史的重要见证物。其中，发生破损的陶瓷器物更是在被流转、保护、使用、改造、修补、掩埋过程中，携带着其被制作出来后各个时期中国人行为活动的痕迹，既能呈现中国历史的波澜壮阔，也能反映历代中国人的烟火生活。陶瓷文物是承担新时代文物保护工作历史使命的最佳品种之一。科学推进陶瓷文物的保护利用，是贯彻习近平总书记关于文物工作重要指示批示精神，坚持"保护第一、加强管理、挖掘价值、有效利用、让文物活起来"的新时代文物工作方针，推进文化旅游事业繁荣发展的具体举措。

湖北是文物大省，根据第一次全国可移动文物普查数据，湖北省国有博物馆收藏的可移动文物总量为 1 332 318 件（套），其中陶瓷文物 186 262 件（套），约占文物总量的 13.98%。然而，其中有 38.40% 的陶瓷文物存在不同程度的破损。基于此状况，2018 年 2 月，湖北省文物局组织湖北省文物交流信息中心^①实施了"湖北省国有博物馆馆藏陶瓷类文物保护利用研究"课题。该课题以第一次全国可移动文物普查数据为基础，以湖北省国有博物馆馆藏陶瓷文物为研究对象，通过统计调查、实地调查和问卷调查等方式，基本弄清了湖北省国有博物馆馆藏陶瓷文物资源总体情况以及保护利用现状，并对陶瓷文物的管理、保护、展陈、利用及文创开发等进行了研究。2020 年 4 月出版的《湖北省国有博物馆馆藏陶瓷文物保护及活化研究》一书即为此课题的重要成果。但该课题并没有对湖北省各个博物馆馆藏陶瓷文物的保护利用进行具体研究、深入挖掘。此次湖北省博物馆联合省内多家博物馆编写"湖北博物馆馆藏陶瓷文物保护与利用研究丛书（第一辑）"，是对该课题成果的具象化。

本丛书从博物馆实际工作出发，探索陶瓷文物保护修复、展示利用的理论与实务，具有指导性、普及性、实操性，填补了同类出版物的空白，能为湖北省乃至全国各地博物馆馆藏陶瓷文物保护及活化研究提供示范和指引；为湖北省陶瓷文物保护利用提供行动指南，促进湖北省陶瓷文物保护利用整体水平提升；挖掘出尚不为人知的湖北省陶瓷文物资源，发挥最大资源潜能，提升现有珍贵陶瓷器物研究的深度和广度，增强陶瓷文物展陈能力，拓展利用空间；扩大湖北省陶瓷文物资源在全国乃至全世界的影响力，助推当地经济、文化事业发展，从而对普及、传播悠久的中国陶瓷文化，赋能湖北文物事业高质量发展起到积极作用。

湖北省博物馆党委委员、副馆长、研究馆员　李奇
2023 年 8 月

---

① 湖北省文物交流信息中心于 2023 年并入湖北省博物馆，为方便叙述，下文仍沿用原名。

P 前 言
Preface

　　蕲春县位于湖北省东陲、大别山南麓、长江中游下段北岸，公元前 201 年建县，距今有 2 200 多年。蕲春历来都是州、路、府所在地，以州领县更是长达 1 080 余年，是鄂东地区的政治、经济、文化中心。蕲春县历史人文厚重，文物资源丰富，境内文物保护单位多达百余处。最具代表性的有西周时期的毛家咀遗址、汉代到宋代的罗州城址以及明代的荆王墓群，在历年的考古发掘中出土了一批青铜器、陶瓷器和金银器等珍贵文物。蕲春县博物馆是蕲春县内唯一一家综合性博物馆，肩负着地方文物保护与展示、文化传承与交流、知识传播与普及的重要使命。

　　近年来，国家逐渐加大对文物保护的力度和博物馆社会教育功能的重视程度，要求各地博物馆在加强文物保护利用和文化遗产保护传承的基础上，注重文物价值挖掘阐释，讲好中国故事，让文物"活"起来。蕲春县博物馆积极响应国家号召，依托国际博物馆日推出不同主题的专题展览和临时展览。同时，为了加强馆藏文物保护，提升藏品展陈质量，扩大藏品利用空间，蕲春县博物馆委托湖北省文物交流信息中心对馆藏的 41 件（套）破损瓷器进行保护修复，并在保护修复的基础上，进一步提炼文物价值，探讨文物预防性保护方式，思考文物展示利用方向。本书就是在这样的背景下编写完成的。

　　本书集蕲春县博物馆馆藏陶瓷文物保护修复、研究、利用等内容于一体。全书共四章，第一章简要介绍了文物所在地蕲春县的地理位置、自然环境、历史沿革、人文环境，以及蕲春县博物馆的历史沿革、藏品状况、库房条件、展览和宣教现状；第二章重点阐述了蕲春县博物馆馆藏陶瓷文物保护修复的各项措施，包括项目概述、现状调查、检测分析、价值评估、修复试验、保护修复技术路线、保护修复实施过程、修复重难点及其处理、修复前后对比等内容；第三章探索了蕲春县博物馆馆藏陶瓷文物预防性保护与展示利用的方向；第四章展示了蕲春县博物馆馆藏陶瓷文物精品。

　　本书是蕲春县第一部较为全面地介绍蕲春县博物馆藏品、文物保护项目开展和文物资源利用情况的书籍，本书的编写不仅是对蕲春县博物馆以往工作的回顾和总结，也为未来蕲春县博物馆开展文物保护利用工作提供了基础资料。同时，也希望本书为湖北陶瓷文物资源保护利用、蕲春县博物馆知名度提升以及地方社会经济发展作出贡献。

　　本书由蕲春县博物馆游万明、湖北省博物馆王双超担任主编，蕲春县博物馆张竣乔、湖北省博物馆张济夏担任副主编。游万明负责项目的统筹安排、人员调度、进度把控以及最终审核；王双超负责本书大纲拟定、资料分析和各章节的撰写；张竣乔、张济夏负责与本书有关的资料收集和照片整理。

　　由于编者水平有限，书中不足之处和错误在所难免，恳请各位读者批评指正。

编　者

2023 年 9 月

C目 录
ontents

第一章
蕲春县博物馆陶瓷文物基本状况

第一节 蕲春县地理位置及自然环境

一、地理位置

蕲春县位于湖北省东部，北倚大别山，南临长江，隶属黄冈市，东南与武穴、黄梅两县相邻，西北与浠水县、英山县相邻，西南与大冶市、阳新县隔江相望，东北与安徽省的宿松、太湖两县交界。蕲春县南北最大纵距76千米，东西最宽距离为38千米，地处东经115°12′～115°55′，北纬29°59′-30°41′之间。

《蕲春县志》记载，早在唐代，境内就有连接现浠水到武穴的过境驿道。到了宋、明、清时期，连接州治蕲州到邻近县城的驿道就有六条，并且创建了以长江水运为依托的"蕲水驿站"，拓展了水上交通。蕲春交通四通八达，来往十分便利，南临长江黄金水道，自古就是军事重镇、交通要塞。京九铁路、沪蓉高速、麻阳高速、大别山红色旅游公路纵横境内，随着蕲春港长江码头建成，武汉城市圈城际铁路、棋盘洲长江公路大桥、沿江一级公路、蕲太高速等重大交通基础设施项目启动建设，蕲春将形成集公路、铁路、水路于一体的综合交通运输体系。

二、自然环境

蕲春县地形狭长，形如船帆，地势东北高西南低，地貌复杂，山地、丘陵、平原兼具，呈多层次立体分布。东北部为山区丘陵，层峦叠嶂，峡谷幽深；中部为丘陵地带，岗峦起伏，绿树成荫；西南部为平坦的沿江平原，湖泊棋布，港汊纵横。

山地主要属于大别山南部余脉，属于中、低山区类型。境内最高点为青石镇的云丹山主峰，海拔 1 244.1 米；最低点为八里湖农场境内的龙凤寺闸，海拔 12 米。

　　蕲春属亚热带季风气候，四季分明，雨量充沛，夏季是全年降水最多的季节，天气闷热潮湿多暴雨，时有水、旱灾害发生。

　　蕲春县境内河流全部属于长江水系，具体可以分为长江干流、蕲河水系、赤东湖水系、赤西湖水系、安庆水系等。蕲春县内 5 000 米以上河流 75 条，总长 973.7 千米，流域面积 2 682.2 平方千米。蕲河为县内主要河流，自东北向西南流贯全县，注入长江，流域面积 1 973 平方千米。此外，蕲春县内还有各类水库 158 座，总库容 5.7 亿立方米。

　　蕲春县境内土壤有红壤、黄棕壤、石灰（岩）性土、潮土、水稻土 5 个种类，还可以细分为 11 个亚土类 43 个土属 254 个土种，以酸性土为主。境内南北地势和气候上的差异，导致植物群有明显的立体分布特点。海拔 500 米以上的中低山区，以大别山松等针叶林为代表，农作物有红薯、马铃薯、小麦等；海拔 200～500 米丘陵区，原生植物被破坏，人工栽有马尾松、松杉，农作物有水稻、棉花、花生等；海拔 200 米以下的平原残存有水杉、法桐、意杨，农作物有水稻、小麦、油菜等。

第二节　蕲春县发展历史及人文环境

一、发展历史

　　晋代刘伯庄《地名记》中记载"蕲春以水隈多蕲菜（水芹菜）"，该地因之得名，北宋乐史《太平寰宇记》承其说。蕲，一名水芹，蕲春意为蕲菜之春。历史上又称蕲阳、齐昌、蕲州。

　　公元前 201 年（西汉高帝六年）蕲春建县。其远古文明可以上溯到新石器时代，是鄂东最古老的县之一，治所大约在今八里湖的土门城。公元47年（东汉建武二十三年），汉在蕲置侯国，封陈浮为蕲春侯，传三世，国除，复蕲春县。公元208年（东汉建安十三年），赤壁之战后，蕲春属吴，孙权置蕲春郡，治蕲春，辖蕲春、邾县、寻阳，上隶扬州。

公元378年（东晋太元三年），孝武帝司马曜因避其母阿春讳，改蕲春县为蕲阳县，隶属南豫州南新蔡郡。蕲阳沿用至南齐，共108年。

公元486年（南齐永明四年），改蕲阳县为齐昌县，沿用至隋初，共112年，故后人或称蕲春为齐昌。

公元598年（隋开皇十八年），复"蕲春"县名。

公元621年（唐武德四年），改蕲春郡为蕲州，治蕲春，仍领五县。同年，并蕲水于蕲春，同时析蕲春县东分置永宁县。

宋代，曾在府、州之间置路，蕲州属淮南路，仍治蕲春，领四县。

元初，改蕲州为蕲州路，治所及领属县同宗。公元1364年，朱元璋改蕲州路为蕲州府，治蕲春，上隶湖广行省，领蕲春、蕲水、广济、黄梅、罗田五县。

公元1445年（明正统十年），荆王朱瞻堈自江西建昌迁蕲，建荆王府于蕲州城。

公元1664年（清康熙三年），蕲州不再领县，仍属黄州府，当年改湖广为湖北、湖南两省，蕲州上隶湖北省。

公元1912年中华民国成立后，裁州，复"蕲春县"，属湖北省江汉道，后江汉道撤，直隶湖北省。公元1949年10月中华人民共和国成立后，蕲春恢复县制，隶湖北黄冈行政区，或隶黄冈专区、黄冈地区。公元1996年5月，黄冈区改建黄冈市，蕲春县隶属之[1]。

二、人文环境

蕲春县文物保护单位多达100余处，包括全国重点文物保护单位1处、省级文物保护单位 11 处、市级文物保护单位 7 处、县级文物保护单位 81 处，另有文物保护点 300 余处。其中毛家咀遗址是我国西周古文化的代表，县南蕲州古城的"蕲阳八景"以及李时珍陵园、药物馆、纪念馆都十分著名。

蕲春是明代荆王府(图 1-1)所在地。公元 1445 年，荆王朱瞻堈迁建王府于蕲州麒麟山南，历十代荆王，传承 198 年。明嘉靖《蕲州志》载："其城周围九里三十三步，一千一百三十丈，高一丈八尺……城门六座，城上串楶九百九十间。"公元 1643 年，张献忠率部破蕲州城，将荆王府、郡王府等全部烧毁[2]。如今，散落在荆王府地段的柱础随处可见，最大的几个柱础直径均超过 1 米，朝阶中央雕刻有龙形图案的大石块残件仍散落在路旁，还有随处可见的破砖碎瓦和残碑断碣，依稀可见昔日的辉煌。此外，其宗室成员墓葬出土了大量高档瓷器。

图 1-1　蕲春明代荆王府(历史文化景点)

罗州城遗址位于蕲春县漕河镇，整体呈不规则圆角长方形，城址由两重城垣组成（图 1-2），1993 年、2001 年先后进行了两次考古发掘，出土了汉代到宋代的陶器及瓷器等，出土瓷器主要包括景德镇窑、吉州窑、龙泉窑、耀州窑、建窑、定窑、越窑等窑口产品。宋代罗州城商贾云集，是鄂赣皖三省交界处的大规模茶叶集散地，民间贸易发达。有茶叶自然就会有茶具，在罗州城宋代堆积层中出土了大量饮茶与制茶工具，反映了当时社会经济与贸易的繁荣。

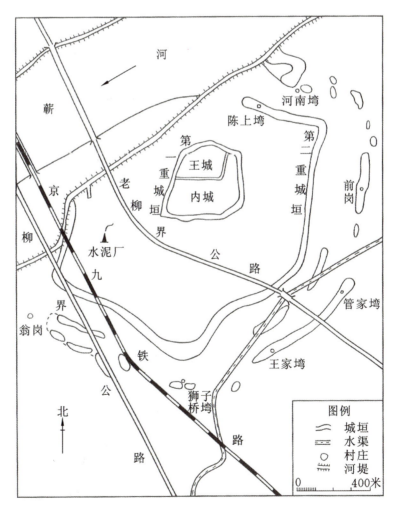

图 1-2　罗州城城垣平面图[3]

管家窑位于蕲春县管窑镇，该镇陶业历史可追溯到明洪武二年（公元 1369 年），至今已有 600 多年[4]。管窑镇至今仍保存着明清时期的李家窑（图 1-3）、管家窑和卢家窑三座古陶窑遗址。其中，李家窑经后期改扩建，至今仍可使用。从明清开始，该镇一直是湖北著名的日用陶、工艺陶产区之一。曾经的管窑镇很红火，产销两旺，1987 年获"湖北省陶器之乡"称号。20 世纪七八十年代，管窑镇有 350 多个陶制品先后问世，曾多次获全国、全省创新设计和质量奖，产品畅销海内外。2007 年，管窑手工制陶技艺被列入湖北省首批非物质文化遗产保护名录。为让古老的陶艺重新焕发生机，管窑镇坚持文旅融合发展思路，按国家 AAAA 级旅游景区标准规划陶艺小镇（图 1-4），新建管窑美术馆、陶艺主题民宿、农家乐及停车场等配套设施；连续举办了七届"栀香楚陶文化旅游节"；成功举办各类省市县级文化艺术展览十余次。

图 1-3　管窑镇李家窑龙窑遗址

图 1-4　管窑镇陶艺小镇

　　蕲春是李时珍故里，也是传统中医药文化之乡、养生之都。"指草皆为药，路人都懂医""出门十里闻药香""药到蕲春方见奇"等养生民谚流传至今。2016 年，蕲艾荣登中国品牌价值评价信息榜中药材类地理标志产品第三位，蕲春被中国中药协会授予"中国艾都"的称号。

　　蕲春也是中国著名的"教授县"，自古人才辈出：宋代有文学巨擘吴淑；明代有"药圣"李时珍、著名战将康茂才；清代有著名文学家顾景星、陈诗；近代有辛亥革命先驱詹大悲、田桐，国学大师黄侃，著名诗人、文艺理论家胡风等。20 世纪以来，从蕲春走出的学者遍布世界各地，教授级人物多达 4 000 多位。湖北省的蕲春县与江西省的临川区、江苏省的宜兴市，被称为"中国三大人才之乡"。

第三节　蕲春县博物馆历史沿革

蕲春县博物馆（图 1-5），位于蕲春县漕河镇付畈村，坐西向东，西依一小山，东临文化广场人工湖。蕲春县博物馆占地面积 10 000 余平方米，建筑仿明清徽派建筑风格，主楼和附属楼整体呈"品"字形布局，包括专题展厅、文化展廊、文物库房、办公室、装裱室等。蕲春县博物馆属于地方综合性博物馆，是全面展示蕲春城市建设历史、普及蕲春历史文化知识的平台。

图 1-5　蕲春县博物馆

蕲春县博物馆新馆（效果图见图 1-6）坐落在东壁大道黄金地段，建筑面积12 800 平方米，内设文物展厅四个，展厅面积 4 000 平方米，是具有展览、休闲、文化创意街区等多功能设计的场馆。蕲春县博物馆、文化馆、图书馆、档案馆"四馆"项目是蕲春县重大民生项目，该项目在辐射新区文化事业发展的同时，有利于保护和传承蕲春县的文化遗产和优秀传统文化，提升蕲春县的文化综合实力、文化旅游品牌效益和公共文化服务能力，推动公共文化事业的高质量发展。

图 1-6 蕲春县博物馆新馆效果图

蕲春县博物馆前身为李时珍纪念馆。1990 年 11 月，蕲春县文化局向蕲春县政府报告，撤销文物保护股，设立蕲春县博物馆。1990 年 12 月 29 日，蕲春县编制委员会发文同意设立蕲春县博物馆。蕲春县博物馆成立后，对李时珍纪念馆存放的文物进行分类，属医药行业类的文物，留存李时珍纪念馆；历史文物及其他文物全部移交蕲春县博物馆，并由博物馆对其进行清理、登记、造册、建卡等有序管理。

李时珍纪念馆(图 1-7)位于蕲春县蕲州镇东风景秀丽的雨湖畔,于 1980 年依托全国重点文物保护单位李时珍墓建成。全馆占地面积 6 万平方米,建筑面积 7 000 平方米,由停车广场(含四贤牌坊)、本草碑廊、生平纪念馆、药物馆、百草药园、墓园六大部分组成。整体建筑为前庭后院式,前面的碑廊、纪念馆、药物馆一进三重,是典型的仿明代建筑,后面的百草药园和墓园为游览休憩的地方。整个馆区从前至后景致亦露亦藏,自然风光与人文景观交相辉映,呈现出中国古典园林建筑风格。1995 年 3 月,李时珍纪念馆被湖北省人民政府命名为全省爱国主义教育基地;1996 年 10 月被国家教育委员会、民政部、文化部、国家文物局、共青团中央、解放军总政治部六部委联合命名为全国中小学爱国主义教育基地;1997 年 6 月被中共中央宣传部确定为全国爱国主义教育示范基地;2009 年 5 月被国家文物局确定为三级博物馆。

图 1-7　李时珍纪念馆

　　李时珍纪念馆内设李时珍纪念展览和博大精深中医药学两大基本陈列,是中国唯一集李时珍文物、文献资料征集、收藏、研究于一体的专业博物馆,同时也是展示中国草药标本和弘扬中华医药文化的重要场所。李时珍纪念馆自对外开放以来,累计接待中外宾客 500 万余人次,为弘扬李时珍精神和民族优秀传统医药文化发挥了极其重要的作用,在国内外产生了极深远的影响。

第四节　蕲春县博物馆藏品状况

截至 2019 年末，蕲春县博物馆馆藏文物 10 000 余件(套)，三级及以上珍贵文物 596 件(套)，其中一级文物 39 件(套)、二级文物 93 件(套)、三级文物 464 件(套)，这样的藏品数量在全国县级博物馆中名列前茅。

蕲春县博物馆藏品主要来源于捐赠、上缴、文物收购留存、考古发掘出土、采集、依法交换等。文物藏品可分为传世文物、出土文物和革命文物三大类，其类别涵盖石器、陶瓷器、青铜器、铁器、木雕、石雕、石刻、金银器、玉器、字画、古书、钱币等。

蕲春县博物馆重要的青铜器类藏品有商周时期的方鼎、圆鼎、爵、斗、杯及兵器；钱币类藏品有钱币学界苦苦寻觅的珍稀币种良金一铢、二铢、四铢；陶瓷器类藏品有越窑、龙泉窑、建窑、吉州窑、德化窑及景德镇窑系陶瓷器；金银器类藏品 1 000 余件(套)，从宋代窖藏金器到明代荆王家族的金器，种类齐全。蕲春县博物馆代表性的文物有毛家咀遗址出土的商周铭文方鼎，杨湾窖藏出土的良金系列钱币(二铢是孤品)，荆王宗室墓葬群出土的金镶宝石仙人乘车簪、铭文金壶、二龙戏珠金手镯、金凤冠宝石头饰等(图 1-8 至图 1-52)。这些重要的藏品反映了蕲春地区自新石器时代至清代在中国文明和文化发展中所处的重要地位。

图 1-8　新石器时代石斧

图 1-9　新石器时代单孔石钺

图 1-10　明朱怡仙石墓志铭

图 1-11　新石器时代玉环

图 1-12　新石器时代玉琮

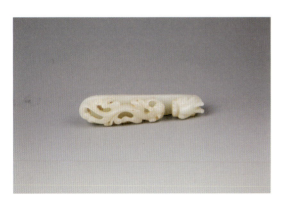

图 1-13　明玉带钩

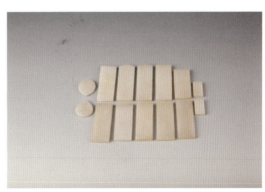

图 1-14　明白玉腰带

图 1-15 新石器时代陶豆

图 1-16 新石器时代陶勺

图 1-17 唐陶镇墓兽

图 1-18 唐陶俑

图 1-19　北宋四系瓜棱罐

图 1-20　明珐华五彩仙鹤莲鹭纹瓷罐

图 1-21　明青花凤凰牡丹瓷罐

图 1-22　明甜白釉暗刻云龙纹瓷盖罐

图 1-23　商铜爵

图 1-24　西周铭文带柄铜斗

图 1-25　西周"酋"字铭文铜方鼎

图 1-26　西周"王宠"字铭文铜方鼎

图 1-27　西周三足立耳圆鼎

图 1-28　战国时代铜戈

图 1-29　战国时代良金一铢

图 1-30　战国时代良金二铢

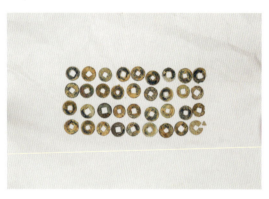

图 1-31　汉半两铜钱

图 1-32　西汉"大泉五十"铜钱

图 1-33　东汉连弧纹铜镜

图 1-34　西晋环状乳神兽铜镜

图 1-35　明松鹤纹青铜镜

图 1-36　清连中三元铜镜

图 1-37　明金镶宝石仙人乘车簪

图 1-38　明金凤冠宝石头饰

图 1-39　明金镶宝石桃形火焰纹牌饰

图 1-40　明金镶宝石火焰纹五仙人头饰

图 1-41　明金凤簪

图 1-42　明二龙戏珠金手镯

图 1-43　明金镶宝石凤凰展翅头饰

图 1-44　明王府接待来使高浮雕人物牌饰

图 1-45　明金石带板

图 1-46　明带托铭文金盏

图 1-47　明高浮雕带托银盏

图 1-48　明铭文金壶

图 1-49　清曾国藩字对

图 1-50　清何绍基字对

图 1-51　明仿董源仙山楼阁图

图 1-52　清闵贞山水画

第五节　蕲春县博物馆陶瓷藏品现实状况

蕲春县博物馆现有陶瓷文物藏品共计 1 345 件（套）。其中陶器文物 253 件（套），占比 18.81％，包括二级文物 5 件（套）、三级文物 34 件（套）、未定级文物 214 件（套）；瓷器文物 1 092 件（套），占比 81.19％，包括一级文物 4 件（套）、二级文物 5 件（套）、三级文物 109 件（套）、未定级文物 974 件（套），详见图 1-53。

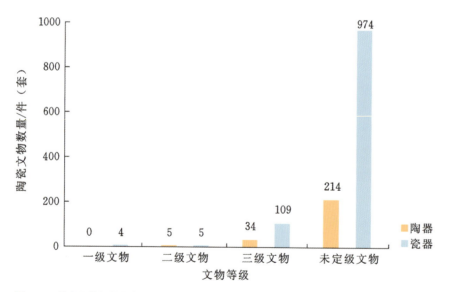

图 1-53　蕲春县博物馆馆藏陶瓷文物等级图

蕲春县博物馆馆藏陶器文物种类主要有罐、瓶、壶、盘、纺轮、豆、杯、鼎、釜等，其中各式陶罐 92 件（套），陶壶 28 件（套），陶盘 24 件（套），陶瓶 13 件（套），陶豆 10 件（套），陶纺轮 9 件（套），陶俑 11 件（套），陶楼 2 件（套），陶井 4 件（套），其他如陶制镇墓兽、陶灶、陶仓、陶球等共计 60 件（套），详见图 1-54；瓷器文物的种类主要有碗、罐、盅、盘、瓶、壶、盒等，其中各式瓷碗 654 件（套），瓷盅 163 件（套），瓷盘 54 件（套），瓷罐 49 件（套），瓷瓶 36 件（套），瓷炉 14 件（套），瓷杯 14 件（套），瓷盏 10 件（套），瓷像 3 件（套），其他如瓷制镇墓兽、瓷筒等 95 件（套），详见图 1-55。

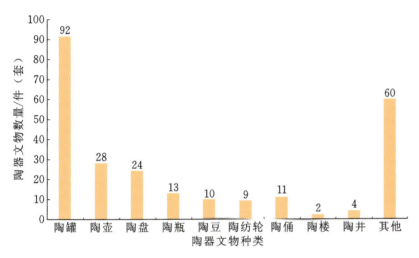

图 1-54　蕲春县博物馆馆藏陶器文物种类分布图

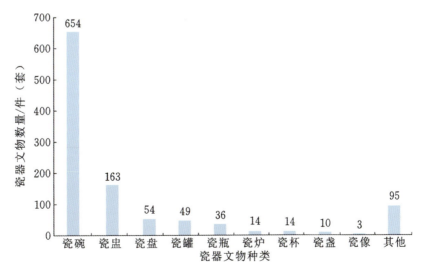

图 1-55　蕲春县博物馆馆藏瓷器文物种类分布图

　　蕲春县博物馆馆藏陶瓷文物年代跨度广，从新石器时代到中华民国时期①均有。由于在统计时部分器物的年代无法确认为西周或东周，所以在断代时统一将其归为周；同样还有部分器物年代无法明确为西汉或东汉，北宋或南宋，在断代时统一将其归为汉代、两宋时期。

　　蕲春县博物馆馆藏陶器文物中，新石器时代文物 26 件（套），周代文物 11 件（套），汉代文物 53 件（套），西晋文物 15 件（套），唐代文物 7 件（套），两宋时期文物 97 件（套），元代文物 7 件（套），明代文物 23 件（套），清代文物 5 件（套），中华民国时期文物 6 件（套），另有 3 件（套）文物年代不明，详见图 1-56；馆藏瓷器文物中，西晋文物 6 件（套），隋代文物 4 件（套），两宋时期文物 135 件（套），元代文物 10 件（套），明代文物 177 件（套），清代文物 709 件（套），中华民国时期文物 51 件（套），详见图 1-57。

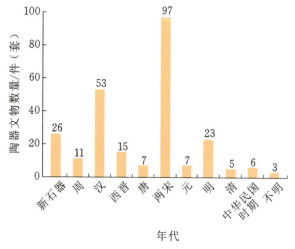

图 1-56　蕲春县博物馆馆藏陶器文物年代分布图

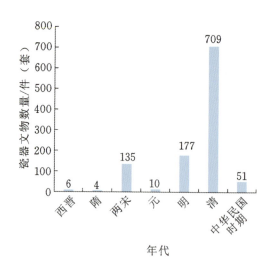

图 1-57　蕲春县博物馆馆藏瓷器文物年代分布图

---

　　① 本书所述中华民国时期均指 1912 年 1 月至 1949 年 9 月这一历史时期。

蕲春县博物馆馆藏的253件（套）陶器文物的完残状况如图1-58所示。其中，完整陶器123件（套），占比48.62%；基本完整的33件（套），占比13.04%；剩下97件（套）存在残缺，占比38.34%。蕲春县博物馆馆藏的1 092件（套）瓷器文物的完残状况如图1-59所示。其中，完整瓷器722件（套），占比66.12%；基本完整的128件（套），占比11.72%；剩下242件（套）存在残缺，占比22.16%。

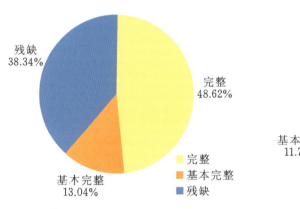
图1-58　蕲春县博物馆馆藏陶器文物的完残状况

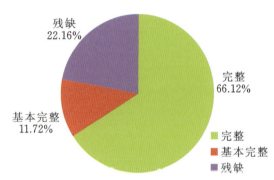
图1-59　蕲春县博物馆馆藏瓷器文物的完残状况

　　蕲春县博物馆馆藏的253件（套）陶器文物的保存状况如图1-60所示。其中，150件（套）陶器现状稳定，不需要进行修复；95件（套）陶器部分残缺，需要进行修复；1件（套）陶器严重残缺，亟须进行修复；已修复的陶器有7件（套）。蕲春县博物馆馆藏的1 092件（套）瓷器文物的保存状况如图1-60所示。其中，859件（套）瓷器现状稳定，不需要进行修复；228件（套）瓷器部分残缺，需要进行修复；2件（套）瓷器严重残缺，亟须进行修复；剩下3件（套）瓷器已修复。

　　蕲春县博物馆馆藏的253件（套）陶器文物来源情况如图1-61所示，其中考古发掘56件（套），占比22.13%；采集129件（套），占比50.99%；移交2件（套），占比0.79%；依法交换4件（套），占比1.58%；其他方式62件（套），占比24.51%。蕲春县博物馆馆藏的1 092件（套）瓷器文物来源情况如图1-62所示，其

蕲春县博物馆馆藏陶瓷文物保护与利用研究

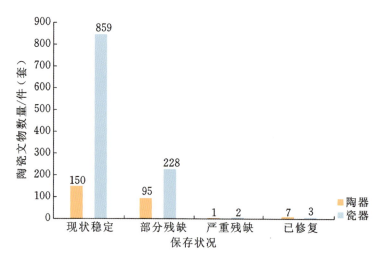

图1-60　蕲春县博物馆馆藏陶瓷文物的处理方式

中考古发掘 46 件（套），占比 4.21％；采集 762 件（套），占比 69.78％；移交 63 件（套），占比 5.77％；依法交换 40 件（套），占比 3.66％；拨交 1 件（套），占比 0.09％；接受捐赠 1 件（套），占比 0.09％；旧藏 1 件（套），占比 0.09％；其他方式 178 件（套），占比 16.30％①。

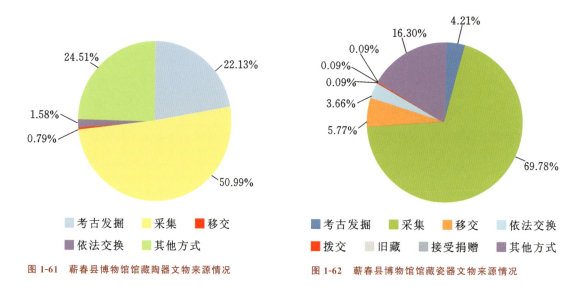

图1-61　蕲春县博物馆馆藏陶器文物来源情况　　　图1-62　蕲春县博物馆馆藏瓷器文物来源情况

---

① 本书百分比数据均为四舍五入求得，可能存在总和不为 100％的情况。

030

第六节　蕲春县博物馆库房条件

　　蕲春县博物馆属文物系统二级风险单位，建有专门的文物库房并配备相应的保护设施，博物馆严格按《博物馆藏品管理办法》的各项规定进行管理：凡是具有历史、艺术或科学价值的一、二、三级文物，经省级文物鉴定委员会专家组的严格鉴定，建立文物藏品档案和电子文本，藏品的保管工作做到制度健全、账目清楚、鉴定确切、编目详明；运用传统方法对一些馆藏破损器物进行修复保存；库房内配备必要的温度计、湿度计以及安全防火器材；蕲春县博物馆主要采取以人防为主，物防、技防相结合的安全防范措施，馆内设立安全保卫科，并在重要部位安装技术安防设备和综合报警监控系统设施，落实完善安全保卫制度，配备专职保卫人员 24 小时值班。

　　由于在财政资金、人力资源、技术设施等方面的局限性，蕲春县博物馆库房条件还存在一定的改善空间。目前，文物库房设在蕲春县博物馆办公区二楼，为全封闭库房，环境较为简陋，地面铺设瓷砖，普通白炽灯照明，无温湿度控制系统。存放瓷器文物的柜架为木制文物柜（图 1-63），文物摆放拥挤，缺少必要保护措施，无法避免器物间碰撞，很容易出现外部因素造成的文物损毁问题。此外，蕲春县属于亚热带季风气候，夏季潮湿、冬夏温差大，此种环境对陶瓷器保存具有一定影响。

图 1-63　蕲春县博物馆库房存放瓷器文物的木制文物柜

第七节　蕲春县博物馆展览与宣教成果

一、基本陈列

蕲春县博物馆自 2008 年起免费对外开放，现有两大基本陈列，分别为"皇族遗风——荆王府出土文物专题陈列"和"长江名城——罗州城"。

"皇族遗风——荆王府出土文物专题陈列"（图 1-64）全面展示了荆王府由盛到衰的历史，主要分为三个部分：第一部分"迁府蕲州　世袭十代"，介绍了荆王府的历史沿革、世袭传承、王府建筑、社会交往等；第二部分"出土文物　皇家风范"，通过荆恭王朱翊钜及王妃胡氏墓葬出土文物、王宣明墓出土文物以及其他王室成员墓葬出土文物三个小板块，较为全面地展示了具有皇家品位的精美文物；第三部分"流徙民间　回归平淡"，展示了张献忠部队火烧荆王府后，荆王后裔流徙民间的情况。

图 1-64　皇族遗风——荆王府出土文物专题陈列

"长江名城——罗州城"（图 1-65）全面展示了汉至宋罗州城的辉煌历史，分为三个部分：第一部分"军事要城"，通过罗州城模型与现状、历代罗州城发生的战争两条线凸显其军事地位；第二部分"商贸重城"，由蕲口镇、蕲春监及其铸钱遗址、罗州城周围发掘的汉至宋墓葬出土文物三个板块组成，全面展示出罗州城是古代长江流域经济贸易发达繁荣的重城；第三部分"文化名城"，主要展示了唐宋蕲州（即罗州）的进士名录、宦游蕲州的著名宰相、北宋川西大儒蒲远犹家族与黄庭坚和林敏功相交的轶事、历代名家咏唱蕲春著名风物的诗篇等。

图 1-65　长江名城——罗州城

二、专题陈列

蕲春县是著名的"教授县",以人才辈出著称。蕲春县博物馆先后举办了"蕲春历史名人图片展"(图1-66)、"蕲春名人教授展",以及"蕲春近现代教授名人专题展",陈列面积200平方米,主要展出以国学大师黄侃,著名文艺理论家胡风,辛亥革命先驱詹大悲、田桐、田桓等为代表的200余名蕲春籍教授、名人的照片、个人简介,以及他们的著作、书信、手稿和科研成果等。这些专题陈列图文并茂、通俗易懂,配有专业的讲解员。通过展览,使观众了解蕲春县历史,历代名人生平、生活轶事,蕲春县教授分布情况等。

图1-66 蕲春历史名人图片展

蕲春县文物资源丰富，是湖北省 11 个文物大县（市）之一，境内有各级文物保护单位 100 余处，包括顾氏祠堂碑、茶庵塝石刻、圣旨碑等。蕲春县博物馆举办了"蕲春县墓碑石刻展"（图 1-67），陈列面积 150 平方米，展览陈列了蕲春县历年出土及收集的各种墓志铭、石刻等，为研究蕲春县的历史、考究历史原貌提供了珍贵的实物例证。

图 1-67　蕲春县墓碑石刻展

　　蕲春历史悠久，文化荟萃，明代历经十代荆王，荆王墓出土的文物，不仅量多质精，且具有极高的历史、艺术价值。2014 年起，蕲春县博物馆开始向其他地区展出"荆王府珍宝展"，蕲春境内明荆王墓出土的众多文物精品再现了明代藩王的奢华生活。雍容华贵的明代金银首饰是一大亮点，展览展出的金银首饰种类齐全，包括头饰、耳饰、腕饰等，几乎囊括明代首饰的全部品种，能让观众直观地感受到 15 世纪中叶明代王室奢华富丽的生活。"荆王府珍宝展"先后在湖北省博物馆、宜昌博物馆、南京博物院、武汉博物馆、荆州博物馆、十堰博物馆、黄石市博物馆以及美国佛罗里达州瑞林博物馆和南加州大学亚太博物馆等国内外多家博物馆展出，吸引观众超过 200 万人次，深受社会各界的欢迎和好评。蕲春县博物馆分别与宁波博物馆、常州博物馆、成都金沙遗址博物馆等联合举办了"金玉大明——郑和时代的瑰宝"（图 1-68）、"金·玉·玲珑——大明王室的宝藏"（图 1-69）、"金色记忆——中国 14 世纪前出土金器特展"（图 1-70）。

图 1-68　金玉大明——郑和时代的瑰宝

图 1-69　金·玉·玲珑——大明王室的宝藏

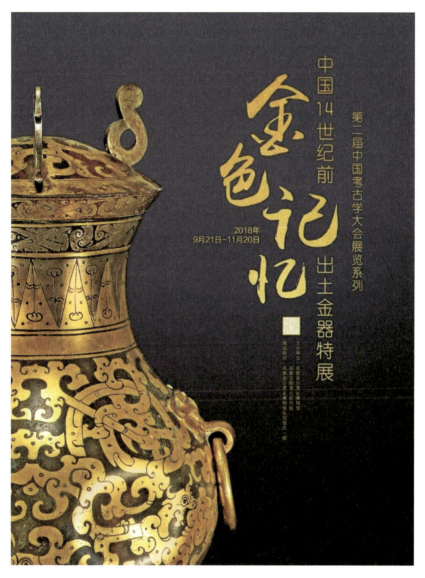

图 1-70 金色记忆——中国 14 世纪前出土金器特展

除此之外，蕲春县博物馆还结合地方特色文化，举办了"蕲春宗教遗迹展""蕲春县馆藏古字画精品展"等专题陈列展览。

三、宣教成果

蕲春县博物馆在蕲春县文化和旅游局的指导和要求下，为推进学校教育和博物馆教育的深入合作，充分发挥博物馆的藏品、展览等资源的教育作用，建立了中小学生学习蕲春历史文化的长效机制，让中小学生每一学期都能走进博物馆参观学习（图1-71），充分挖掘博物馆资源，研究开发自然类、历史类、科技类等系列活动课程，丰富学生知识，拓宽学生视野。

图 1-71　中小学生走进博物馆参观学习

2018年元宵节期间，蕲春县博物馆与蕲春县文化馆联合举办了大型灯会文化游园活动，制作了文博、非遗等相关知识性、趣味性灯谜1 000条，供大家猜谜，同时在博物馆大门广场举办了歌舞表演，在普及文物知识的同时让当地百姓感受到节日快乐的氛围。

蕲春县博物馆馆藏陶瓷文物保护与利用研究

图 1-72　红色的土地——蕲春革命文物图片展

2021 年 5 月 18 日是第 45 个国际博物馆日，为庆祝中国共产党成立 100 周年，蕲春县博物馆精心策划并隆重推出"红色的土地——蕲春革命文物图片展"（图 1-72）。该展览展示了在党创立时期、大革命时期、土地革命时期、抗日战争时期和解放战争时期，蕲春人民在中国共产党的领导下进行的不屈不挠、艰苦卓绝的斗争，为新民主主义革命的胜利和中华人民共和国的成立作出的重大贡献。让蕲春人民充分了解蕲春的革命历史，铭记光辉历史，增强理想信念，发扬革命老区精神，建设美好蕲春。该展览持续两个月，展览地点为各乡镇政府及中小学内，为在蕲春全县普及革命知识和传承红色基因起到了重要作用。

皇家遗珍——蕲春县博物馆藏荆王府文物精品展

图 1-73　"蕲春县博物馆"微信公众号部分图文

在传统博物馆线下展览的基础上，蕲春县博物馆依托信息技术建立了"蕲春县博物馆"微信公众号，使观众及时了解博物馆的展陈信息和馆藏的精品文物（图 1-73）。

此外，蕲春县博物馆根据湖北省文物主管部门的要求，成立了文物调查勘探队，负责蕲春县范围内的考古发掘工作。蕲春县文物调查勘探队自成立以来，在蕲春县公路建设、铁路经济开发区建设、罗州城粮食储备库建设、横车镇火铺村招商引资工地建设中，抢救性发掘了一些古墓葬和遗址，出土了一批珍贵的文物，极大地充实了蕲春县博物馆馆藏文物。

040

第二章
蕲春县博物馆馆藏瓷器文物保护修复措施

第一节 项目概述

蕲春县博物馆现有陶瓷文物藏品共计 1 345 件(套)，据调查统计，需要进行修复的陶瓷文物多达 300 余件(套)。为了更好地保护这些文物，同时也为了丰富博物馆展览，蕲春县博物馆在征询专家意见后，从馆藏定级文物中先后筛选出 41 件(套)破损瓷器，委托湖北省文物交流信息中心编制“湖北省蕲春县博物馆馆藏珍贵瓷器文物保护修复方案”(图 2-1)，希望该批文物能够尽快得到保护与修复处理，以期达到性状稳定和外观完整后在展示利用中发挥更大作用，提升蕲春县博物馆藏品展陈质量并扩大利用空间，取得更大的社会效益。

蕲 春 县 博 物 馆

委托书

湖北省文物交流信息中心：

兹有我馆馆藏瓷器文物 35 件（套），其中国家二级文物 2 件，三级文物 33 件。这些文物造型优美、胎质细腻，但是存在残缺、破损、冲线等问题，需进行保护修复处理，特委托湖北省文物交流信息中心编制《湖北省蕲春县博物馆馆藏珍贵瓷器文物保护修复方案》。

蕲春县博物馆

2019 年 3 月 31 日

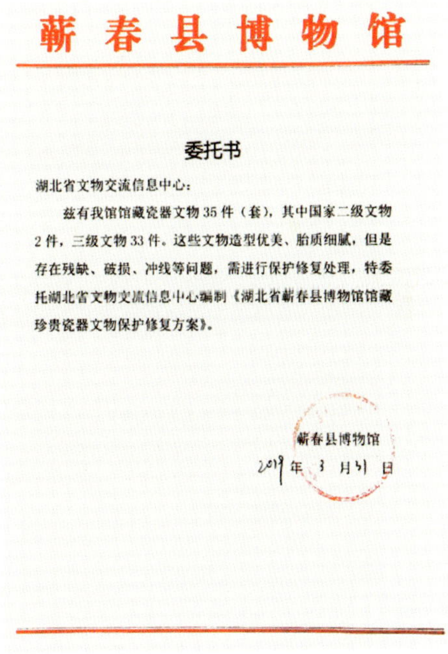

图 2-1 项目委托书

2019 年 3 月，湖北省文物交流信息中心编制完成“蕲春县博物馆馆藏珍贵瓷器文物保护修复方案”。2019 年 10 月，该方案通过湖北省文化和旅游厅批复(图 2-2)。2022 年 1 月至 2023 年 3 月，湖北省文物交流信息中心对这批文物实施修复，修复对象原本包含 35 件(套)定级文物，其中二级文物 2 件（套），三级文物 33 件（套），后因蕲春县博物馆展陈需要，额外增加了 6 件（套）破损器物，修复工作主要包括清洗、加固、粘接、补配修整、作色补绘及档案整理等。2023 年 6 月，湖北省文物交流信息中心编制完成"湖北省蕲春县博物馆馆藏珍贵瓷器文物保护修复结项报告"和"湖北省蕲春县博物馆馆藏珍贵瓷器文物保护修复档案"。2023 年 8 月 18 日，湖北省文物事业发展中心受湖北省文化和旅游厅委托，组织专家对湖北省蕲春县博物馆馆藏珍贵陶瓷文物保护修复项目进行结项验收，与会专家一致同意通过验收（图 2-3）。

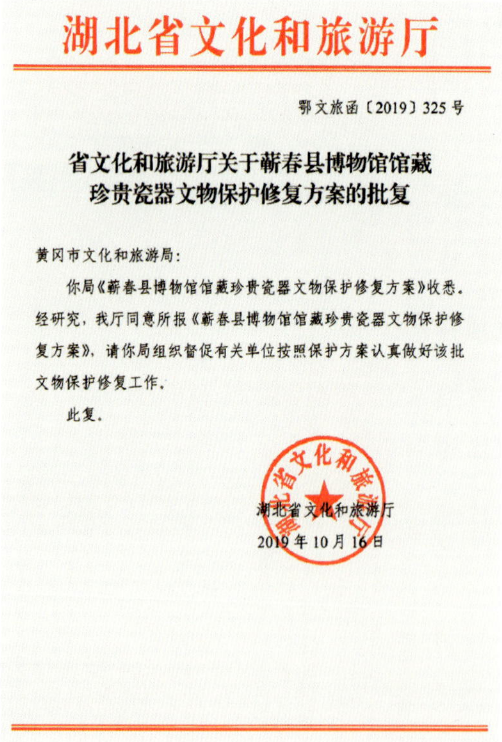

湖北省文化和旅游厅

鄂文旅函〔2019〕325 号

**省文化和旅游厅关于蕲春县博物馆馆藏
珍贵瓷器文物保护修复方案的批复**

黄冈市文化和旅游局：

　　你局《蕲春县博物馆馆藏珍贵瓷器文物保护修复方案》收悉。经研究，我厅同意所报《蕲春县博物馆馆藏珍贵瓷器文物保护修复方案》，请你局组织督促有关单位按照保护方案认真做好该批文物保护修复工作。

　　此复。

湖北省文化和旅游厅
2019 年 10 月 16 日

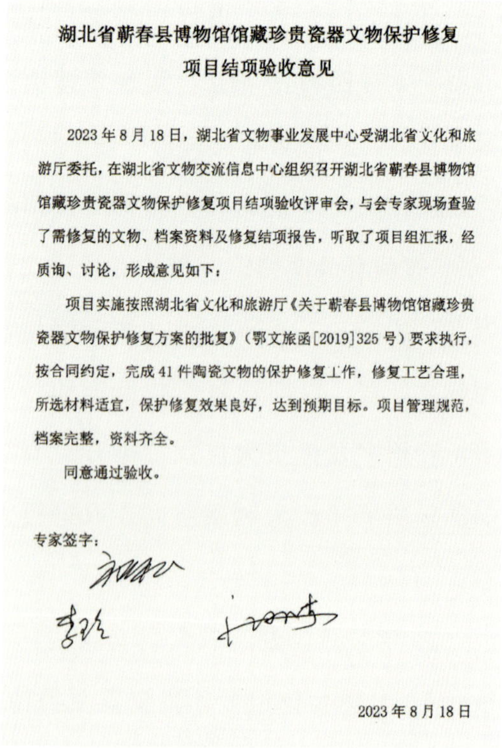

**湖北省蕲春县博物馆馆藏珍贵瓷器文物保护修复
项目结项验收意见**

　　2023 年 8 月 18 日，湖北省文物事业发展中心受湖北省文化和旅游厅委托，在湖北省文物交流信息中心组织召开湖北省蕲春县博物馆馆藏珍贵瓷器文物保护修复项目结项验收评审会，与会专家现场查验了需修复的文物、档案资料及修复结项报告，听取了项目组汇报，经质询、讨论，形成意见如下：

　　项目实施按照湖北省文化和旅游厅《关于蕲春县博物馆馆藏珍贵瓷器文物保护修复方案的批复》（鄂文旅函[2019]325 号）要求执行，按合同约定，完成 41 件陶瓷文物的保护修复工作，修复工艺合理，所选材料适宜，保护修复效果良好，达到预期目标。项目管理规范，档案完整，资料齐全。

　　同意通过验收。

专家签字：

2023 年 8 月 18 日

图 2-2　项目批复文件　　　　　　　　　　　图 2-3　项目结项验收意见

044

第二节　现状调查

一、基本信息

蕲春县博物馆本次需保护修复的瓷器共 41 件(套)，这批瓷器年代跨度较大，从西晋至清代，其中宋代瓷器数量最多。如图 2-4 所示，西晋时期的瓷器文物 2 件(套)，隋代瓷器文物 2 件(套)，宋代瓷器文物 18 件(套)，明代瓷器文物 16 件(套)，清代瓷器文物 3 件(套)。

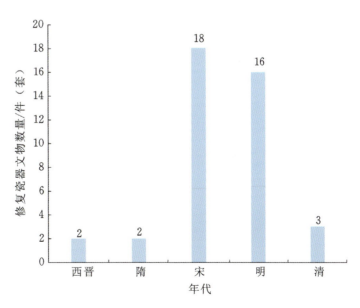

图 2-4　蕲春县博物馆修复瓷器文物年代分布图

本项目中修复瓷器文物等级如图 2-5 所示,其中二级文物 2 件(套),占比 4.88％;三级文物 35 件(套),占比 85.36％;未定级文物 4 件(套),占比 9.76％。瓷器文物的种类较为丰富,有壶、罐、碗、小碗、杯、盘、碟等,其中喇叭口执壶和盘口壶较多,瓷器品种有白瓷、褐釉瓷、青瓷、青花瓷等,纹饰有山水图、婴戏图、水藻纹、勾莲纹、莲瓣纹、云龙纹、团凤纹等。本项目中瓷器文物来源主要包括考古发掘、采集、移交、拨交、旧藏和其他(图 2-6),具体情况详见表 2-1。

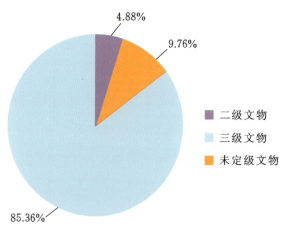

图 2-5　蕲春县博物馆修复瓷器文物等级分布图

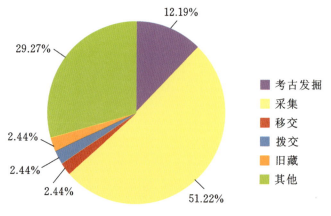

图 2-6　蕲春县博物馆修复瓷器文物来源分布图

表 2-1　蕲春县博物馆修复瓷器文物基本信息

序号	藏品编号	藏品名称	等级	年代	尺寸/厘米				来源	完残情况
					高	口径	腹径	底径		
1	00003	青白瓷瓜棱盖罐	二级	宋	24.5	4.3	17.5	9.2	采集	两耳缺损
2	00006	青白瓷喇叭口执壶	三级	宋	18.5	9.6	12.4	8.6	其他	口沿小面积缺损
3	00008	青白瓷喇叭口执壶	三级	宋	15	4	10	6.5	采集	口沿部分缺损
4	00060	青白瓷小碗	三级	宋	3.2	14	—	4.5	采集	小半边破碎
5	00065	吉州窑褐釉小瓷碗	三级	宋	3.2	11.5	—	4.1	采集	口沿部分缺损
6	00066	吉州窑黑釉碗	三级	宋	4.1	11.1	—	4.4	其他	口沿小面积缺损
7	00110	青白瓷山水人物盖罐	三级	明	8.5	5.4	9.5	6	移交	口沿小面积缺损
8	00113	青花婴戏图小盖罐	三级	明	11.7	4.7	8.9	6	拨交	盖沿小面积缺损
9	00115	青花牡丹盖罐	三级	明	9.5	4.5	9.1	5.8	其他	口沿小面积缺损
10	00122	霁兰方形带盖执壶	三级	明	21.5	3.9	7.4	7	其他	口沿部分缺损，盖沿小面积缺损
11	00159	青釉三脚龙足两耳炉	三级	明	11	7.8	7	—	旧藏	口沿小面积缺损
12	00160	青花水藻纹小瓷碗	三级	明	5.5	12.5	—	5.2	采集	口沿部分缺损
13	00161	青花水藻纹瓷碗	三级	明	5.5	13.2	—	5.4	采集	口沿小面积缺损

续表 2-1

序号	藏品编号	藏品名称	等级	年代	尺寸/厘米				来源	完残情况
					高	口径	腹径	底径		
14	00162	青花勾莲纹瓷碗	三级	明	5	13	—	5.5	其他	圈足破损
15	00168	福建德化贴花白瓷杯	三级	明	4.5	9	—	4.2	考古发掘	口沿部分缺损
16	00169	龙泉翠青釉棱花盘	三级	明	2.2	19	—	9.2	采集	口沿有损
17	00184	青瓷高颈四系盘口壶	三级	隋	30	7.5	21	11.4	采集	口沿完全缺损，四系残缺
18	00185	青瓷高颈四系盘口壶	二级	隋	25.2	14	14.5	10.5	其他	口沿大面积缺损
19	00396	四耳盘口瓷壶	三级	西晋	—	10.5	16.5	9	采集	口沿小面积缺损
20	00397	四耳盘口瓷壶	三级	西晋	—	10.3	17.5	10.4	采集	完整
21	00438	青花瓷碗	三级	明	6	17.2	—	5	考古发掘	口沿小面积缺损
22	00439	白瓷碗	三级	明	—	13.2	—	5.4	采集	完整
23	00665	白釉喇叭口执壶	三级	宋	28	10.5	12.8	6.6	其他	执手缺损
24	00666	白釉喇叭口执壶	三级	宋	—	9.2	17.8	8.9	其他	完整
25	00667	黄釉喇叭口执壶	三级	宋	18.5	5.6	10.1	6.3	其他	流口、口沿小面积缺损
26	00668-02	白釉高盘口双耳瓷执壶	三级	宋	13.7	5.7	10.1	6.3	其他	口沿小面积缺损
27	00670-02	敞口莲瓣纹白瓷碗	三级	宋	—	15.8		6.3	其他	口沿小面积破碎

续表 2-1

序号	藏品编号	藏品名称	等级	年代	尺寸/厘米				来源	完残情况
					高	口径	腹径	底径		
28	00984	荷花瓷碗	三级	宋	—	15	—	5.9	采集	圈足部分缺损
29	00996	带盖瓷瓶	三级	宋	—	7.5	12.6	8.9	采集	盖小面积缺损、四系大部分缺损
30	01338	乳白色釉双条喇叭口执壶	三级	宋	15.3	6.7	11.5	6.3	其他	流口、执手小面积缺损
31	01343	黄釉小口瓜棱瓷罐	三级	宋	26.3	5.4	17.2	5.8	考古发掘	口沿部分缺损
32	01345-01	白釉敞口高足瓷碗	三级	宋	7	15	—	6	考古发掘	口沿小面积缺损
33	01365	影青釉葵口瓷碟	三级	宋	7	15	—	6	考古发掘	口沿小面积缺损
34	01412-01	龙凤纹青花瓷碗	三级	清	—	15	—	6	采集	完整
35	01412-02	龙凤纹青花瓷碗	三级	清	—	15	—	6	采集	口沿小面积缺损
36	00019	青瓷瓜棱执壶	未定级	宋	15	2.9	10.4	8	采集	执把、壶嘴以上均残缺
37	00170	龙泉翠青釉棱花瓷盘	三级	明	38	17.5	14.5	15	采集	残破成18块
38	00931-01	青花带盖小瓷罐	未定级	明		5	—	6.2	采集	残破成25块
39	00931-02	青花带盖小瓷罐	未定级	明	6		—	—	采集	残破成28块
40	01284-01	长命富贵青花云龙纹瓷碗	三级	明		14	—	5	采集	基本完整,口沿略残
41	01282-02	富贵佳器青花团凤瓷碗	未定级	明		13		4.9	采集	残破成3块

二、病害情况

本项目修复的 41 件（套）瓷器中，部分瓷器在入藏后仅进行清水清洗或简单的粘接处理，为便于长期保存及满足展陈与利用的需要，应及时对其进行科学保护并进行规范修复。

由于出土环境与后期保存环境不同，这批瓷器病害情况不一，主要有缺损、破碎、裂缝、冲口、附着物、不当修复痕迹等。

（一）缺损

缺损，是指器物因外力作用而破碎，造成器物局部缺失（图 2-7 至图 2-9）。部分器物缺损严重，关键部位缺失，补配难度大，需要在价值评估的基础上根据古文献及同时代标准器进行合理修复。

图 2-7　宋荷花瓷碗及病害图

图 2-8　明福建德化贴花白瓷杯及病害图

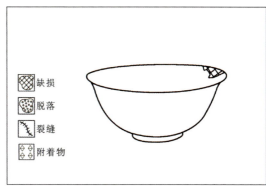

图 2-9　明青花瓷碗及病害图

（二）破碎

破碎，是指器物因外力作用而造成破裂（图 2-10），破裂的器物仍然完整，并无缺失。个别器物破碎严重，拼接难度较大（图 2-11）。

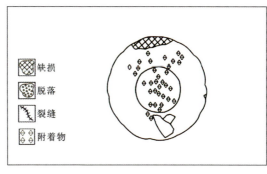

图 2-10　宋敞口莲瓣纹白瓷碗及病害图

图 2-11　明青花带盖小瓷罐

（三）裂缝

裂缝，是指器物因外力作用出现的穿透胎体的纹路（图 2-12、图 2-13）。

图 2-12　明龙泉翠青釉棱花盘及病害图

图 2-13　明白瓷碗及病害图

（四）冲口

冲口，是指器物口部因外力作用出现的长短不等、穿透胎体的纹路（图 2-14、图 2-15）。

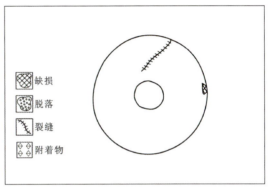

图 2-14　宋吉州窑黑釉碗及病害图

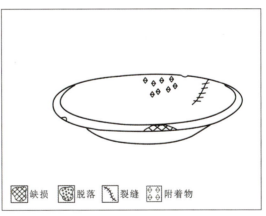

图 2-15　宋影青釉葵口瓷碟及病害图

（五）附着物

附着物，是指出土、出水器物上黏附的影响器物外观的物质。受埋藏环境影响，器物出土时均存在附着物（图 2-16、图 2-17），具体表现为较易清除的浮土、与器物结合较为紧密的土锈、含可溶性盐类的物质。

蕲春县博物馆馆藏陶瓷文物保护与利用研究

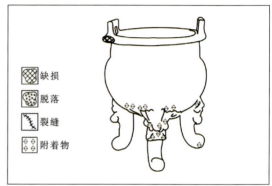

图 2-16　明青釉三脚龙足两耳炉及病害图

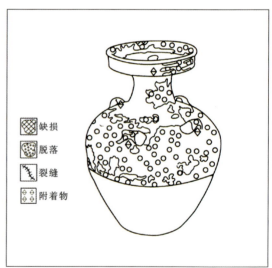

图 2-17　西晋四耳盘口瓷壶

（六）不当修复痕迹

　　不当修复痕迹，是指不当修复造成的损害，或是修复材料老化、变形等现象（图 2-18、图 2-19）。

054

图 2-18　明霁兰方形带盖执壶及病害图

图 2-19　明龙泉翠青釉棱花盘及裂缝粘接处

三、病害情况统计

本项目中 41 件（套）保护修复瓷器的病害种类如图 2-20 所示，病害统计详见表 2-2。大部分器物都存在缺损的情况，其中个别器物大面积缺失，破碎严重，部分器物存在两种甚至两种以上病害。

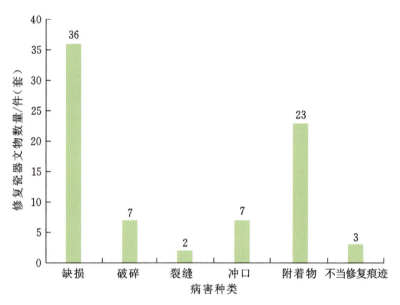

图 2-20 蕲春县博物馆保护修复瓷器文物病害种类图

表 2-2　蕲春县博物馆保护修复瓷器文物病害统计表

序号	藏品编号	藏品名称	病害种类					
			冲口	裂缝	破碎	缺损	附着物	不当修复痕迹
1	00003	青白瓷瓜棱盖罐				√	√	
2	00006	青白瓷喇叭口执壶				√	√	
3	00008	青白瓷喇叭口执壶				√	√	
4	00060	青白瓷小碗			√	√	√	
5	00065	吉州窑褐釉小瓷碗				√	√	
6	00066	吉州窑黑釉碗	√			√		

续表2-2

序号	藏品编号	藏品名称	病害种类					
			冲口	裂缝	破碎	缺损	附着物	不当修复痕迹
7	00110	青白瓷山水人物盖罐				√		
8	00113	青花婴戏图小盖罐				√		
9	00115	青花牡丹盖罐				√		
10	00122	霁兰方形带盖执壶	√			√		√
11	00159	青釉三脚龙足两耳炉				√	√	
12	00160	青花水藻纹小瓷碗				√		
13	00161	青花水藻纹瓷碗				√	√	
14	00162	青花勾莲纹瓷碗	√			√	√	
15	00168	福建德化贴花白瓷杯				√		
16	00169	龙泉翠青釉棱花盘		√			√	√
17	00184	青瓷高颈四系盘口壶				√		
18	00185	青瓷高颈四系盘口壶				√	√	
19	00396	四耳盘口瓷壶				√	√	
20	00397	四耳盘口瓷壶					√	
21	00438	青花瓷碗				√		
22	00439	白瓷碗	√	√			√	
23	00665	白釉喇叭口执壶				√	√	
24	00666	白釉喇叭口执壶					√	

续表2-2

序号	藏品编号	藏品名称	病害种类					
			冲口	裂缝	破碎	缺损	附着物	不当修复痕迹
25	00667	黄釉喇叭口执壶				√		
26	00668-02	白釉高盘口双耳瓷执壶				√	√	
27	00668-02	敞口莲瓣纹白瓷碗			√	√	√	
28	00984	荷花瓷碗				√		
29	00996	带盖瓷瓶				√		
30	01338	乳白色釉双条喇叭口执壶				√	√	
31	01343	黄釉小口瓜棱瓷罐				√	√	
32	01345-01	白釉敞口高足瓷碗	√			√	√	
33	01365	影青釉葵口瓷碟	√			√	√	
34	01412-01	龙凤纹青花瓷碗	√				√	
35	01412-02	龙凤纹青花瓷碗				√	√	
36	00019	青瓷瓜棱执壶			√	√		
37	00170	龙泉翠青釉棱花瓷盘			√	√		√
38	00931-01	青花带盖小瓷罐			√	√		
39	00931-02	青花带盖小瓷罐			√	√		
40	01284-01	长命富贵青花云龙纹瓷碗				√		
41	01282-02	富贵佳器青花团凤瓷碗			√	√		

第三节　检测分析

对此次保护修复的 41 件(套)瓷器文物进行检测分析，可为后续的保护修复措施提供具体的科学依据。经现场实物观察，其中 22 件(套)瓷器无须进行检测分析，剩余 19 件(套)瓷器存在破损、脱釉等现象，需要用显微镜检测其断面结构、胎釉状态及釉面附着物的微观结构。这 19 件(套)瓷器还存在难以用物理方法去除的表面附着物，需要使用 X 射线荧光光谱仪对其进行检测。其中，还有 2 件(套)瓷器存在顽固附着物及内装物，需要使用离子色谱仪对其进行采样并检测；3 件(套)瓷器存在早期修复痕迹，需要使用拉曼光谱仪对其粘接物进行采样并检测。

一、便携式显微镜观察

由于部分瓷器存在附着物，胎釉结合的紧密程度也不尽相同，所以需要使用显微镜对其断面结构、胎釉状态、釉面附着物进行观察，以了解其断面的胎釉结合紧密程度以及釉面附着物的微观结构，以便确定附着物清除方式以及是否需要加固处理。

(1)检测仪器：艾尼提(Anyty)401 型便携式显微镜。

(2)检测时间：2019 年 5 月 28 日。

(3)检测结果与处理意见：详见表 2-3。

表 2-3　艾尼提(Anyty)401 型便携式显微镜观察结果与处理意见

序号	藏品编号	藏品名称	显微结构图片	观察结果	处理意见
1	00003	青白瓷瓜棱盖罐		胎体存在一定程度土壤侵蚀痕迹,根据观察可知,土锈尚未深入胎体内部	需用去离子水对器物进行清洗,如效果较差,可用稀酸与 EDTA-2Na(乙二胺四乙酸二钠)混合溶液进行清洗
2	00185	青瓷高颈四系盘口壶		存在旧补情况,胶体污染器物	需采取物化方式将胶体清除
3	00006	青白瓷喇叭口执壶		胎釉结合较为紧密	可用去离子水清除器物表面土垢与浮灰
4	01345-01	白釉敞口高足瓷碗		器物存在大面积胶体老化痕迹,胎釉结合较为紧密	可用环氧树脂溶解液对器物进行浸泡处理,去除器物上的胶体,然后用去离子水进一步清理器物上的环氧树脂溶解液及溶解后的胶体残留
5	00122	霁兰方形带盖执壶		釉面存在细碎开片,初步判断为釉面老化形成的开片	用去离子水对器物进行清洗

续表 2-3

序号	藏品编号	藏品名称	显微结构图片	检测结果	处理意见
6	01412-01	龙凤纹青花瓷碗		附着物面积较大，且与釉面结合较为紧密，根据形态初步判断为钙质沉积	采用化学清除法和物理清除法清理附着物
7	01412-02	龙凤纹青花瓷碗		附着物面积较大，且与釉面结合较为紧密，根据形态初步判断为钙质沉积	采用化学清除法和物理清除法清理附着物
8	00159	青釉三脚龙足两耳炉		器物内部附着物面积较大，根据形态初步判断应含有碳酸类、硅酸类物质	采用化学清除法清理附着物
9	00668-02	白釉高盘口双耳瓷执壶		胎釉结合较为紧密	采用化学清除法清理附着物后，再用 Paraloid B-72 丙酮溶液进行加固、封护
10	00397	四耳盘口瓷壶		胎质疏松，胎釉结合不紧密	采用化学清除法清理附着物后，再用 Paraloid B-72 丙酮溶液进行加固、封护
11	00168	福建德化贴花白瓷杯		胎质致密，胎釉结合紧密	采用化学清除法和物理清除法清理附着物

续表 2-3

序号	藏品编号	藏品名称	显微结构图片	检测结果	处理意见
12	00169	龙泉翠青釉棱花盘		存在旧补溢胶痕迹,面积较大,与器物黏合度较高	可用环氧树脂溶解液对器物进行浸泡处理,去除器物上的胶体,然后用去离子水进一步清理器物上的环氧树脂溶解液及溶解后的胶体残留
13	00396	四耳盘口瓷壶		胎质疏松,胎釉结合不紧密	采用化学清除法清理附着物后,再用 Paraloid B-72 丙酮溶液进行加固、封护
14	00666	白釉喇叭口执壶		该部分存在釉面被外来物质染红的情况,可能为土沁	先用去离子水对其进行浸泡处理,并在 24 小时后使用软毛刷进行刷洗,观察染红部位清洗情况,如效果较差,考虑用化学试剂进行湿敷
15	00066	吉州窑黑釉碗		附着物面积较大且与釉面结合较为紧密	采用化学清除法清理附着物后,再用 Paraloid B-72 丙酮溶液进行加固、封护
16	00162	青花勾莲纹瓷碗		冲线内存在土沁	采用化学试剂湿敷的方式对冲线内土沁进行清理

续表 2-3

序号	藏品编号	藏品名称	显微结构图片	检测结果	处理意见
17	00160	青花水藻纹小瓷碗		胎质较致密,胎釉结合较紧密	采用化学清除法和物理清除法清理附着物
18	00161	青花水藻纹瓷碗		器物表面存在附着物,附着物与器物结合较为紧密,但是器物本体胎釉结合也较为紧密	采用化学清除法和物理清除法清理附着物
19	00060	青白瓷小碗		器物表面存在附着物,根据观察可知,附着物应该较易清除	采用化学清除法和物理清除法清理附着物

二、X 射线荧光光谱(XRF)检测分析

使用 X 射线荧光光谱仪检测部分器物的胎、釉、彩和附着物的成分,以确定其釉色组成以及是否含有可溶性盐,以选择合适的清除方案。

(1)检测仪器:尼通(Niton)XL3t 950 型 X 射线荧光光谱仪。

(2)检测时间:2019 年 5 月 28 日。

(3)检测数据:详见表 2-4。

(4)检测结果与处理意见:详见表 2-5。

表 2-4　X 射线荧光光谱检测数据表

序号	藏品检测编号	藏品名称	器物图
1	BHCJ-2019-QC-00003	青白瓷瓜棱盖罐	

器物检测分析图

器物检测元素分析表/%

编号	Zr	Sr	Rb	As	Fe	Mn	Ti	Ca	K	Al	Si	S
153	0.003	0.004	0.015	—	0.809	0.045	0.045	0.285	1.504	6.762	34.584	0.075
154	0.003	0.020	0.011	0.008	0.503	0.192	0.029	7.214	1.157	3.381	31.154	0.312

续表2-4

序号	藏品检测编号	藏品名称	器物图
2	BHCJ-2019-QC-00185	青瓷高颈四系盘口壶	

器物检测分析图

器物检测元素分析表/%

编号	Zr	Sr	Rb	Fe	Mn	Ti	Ca	K	Al	Si	Cl	S
155	0.028	0.003	0.009	1.44	—	0.491	0.790	1.881	6.257	30.146	0.447	1.724
157	0.014	0.006	0.004	0.747	0.052	0.108	15.011	0.787	—	4.868	1.535	1.345
159	0.026	0.009	0.008	1.340	0.229	0.327	9.443	1.251	4.339	28.689	0.357	1.149

续表2-4

序号	藏品检测编号	藏品名称	器物图
3	BHCJ-2019-QC-00006	青白瓷喇叭口执壶	

器物检测分析图

器物检测元素分析表/%

编号	Zr	Sr	Rb	Zn	Fe	Mn	Ti	Ca	K	Al	Si	S
160	0.003	0.035	0.012	0.011	0.445	0.064	0.024	9.218	1.267	4.980	34.828	0.417
161	0.019	0.014	0.007	0.012	5.131	0.041	0.493	1.562	1.825	5.632	30.401	1.249
163	0.004	0.004	0.013	0.006	1.385	0.088	0.138	0.523	1.624	5.047	27.138	1.326

续表2-4

序号	藏品检测编号	藏品名称	器物图
4	BHCJ-2019-QC-01345-01	白釉敞口高足瓷碗	

器物检测分析图

器物检测元素分析表/%

编号	Zr	Sr	Rb	As	Fe	Mn	Ti	Ca	K	Al	Si	S
164	0.019	0.020	0.010	0.004	1.276	0.083	0.301	1.310	2.726	8.211	40.550	0.704
165	0.019	0.021	0.011	0.011	0.886	0.299	0.100	5.493	2.536	6.114	39.896	0.123
166	0.015	0.016	0.009	0.005	0.695	0.154	0.106	3.319	1.994	4.813	37.269	0.616

蕲春县博物馆馆藏陶瓷文物保护与利用研究

续表2-4

序号	藏品检测编号	藏品名称	器物图
5	BHCJ-2019-QC-00122	霁兰方形带盖执壶	

器物检测分析图

器物检测元素分析表/%	编号	Zr	Sr	Rb	Zn	Co	Fe	Mn	Ti	Ca	K	Al	Si	Cl	S
	168	0.006	—	0.017	—		1.501	—	0.136	0.598	2.239	5.717	38.923	—	0.632
	169	0.006	—	0.016	—		1.406	0.119	0.111	0.499	2.505	9.027	37.383	—	2.439
	170	0.002	0.004	0.020	—	0.245	0.693	1.71	—	2.080	3.848	5.371	46.039	—	—
	171	0.002	0.003	0.014	4.388	0.091	0.380	0.631	0.014	0.308	0.389	—	1.015	0.189	0.381

068

续表2-4

序号	藏品检测编号	藏品名称	器物图
6	BHCJ-2019-QC-01412-01	龙凤纹青花瓷碗	

器物检测分析图

器物检测元素分析表/%

编号	Zr	Sr	Rb	Fe	Mn	Ti	Ca	K	Al	Si	S
172	0.003	0.004	0.020	0.549	0.043	—	5.122	1.911	4.717	42.597	—
174	0.002	0.004	0.015	0.543	0.663	0.017	4.421	1.510	3.223	39.257	0.223
175	0.002	0.004	0.015	0.405	0.291	—	24.572	0.433	—	8.794	0.891

续表2-4

序号	藏品检测编号	藏品名称	器物图
7	BHCJ-2019-QC-01412-02	龙凤纹青花瓷碗	

器物检测分析图

器物检测元素分析表/%

编号	Zr	Sr	Rb	Fe	Mn	Ca	K	Al	Si	S
176	0.004	0.007	0.018	0.604	—	6.374	1.903	5.432	45.285	0.173
177	0.003	0.006	0.013	0.833	1.071	4.736	1.655	2.734	32.103	0.173
178	0.004	0.006	0.011	0.312	—	26.096	0.249	1.317	4.688	0.777

续表2-4

序号	藏品检测编号	藏品名称	器物图
8	BHCJ-2019-QC-00159	青釉三脚龙足两耳炉	

器物检测分析图

器物检测元素分析表/%

编号	Zr	Sr	Rb	Fe	Mn	Ti	Ca	K	Al	Si	S
179	0.004	0.006	0.012	0.465	—	0.036	5.970	2.115	5.016	41.406	0.263
180	0.006	0.003	0.015	1.431	0.117	0.242	1.633	1.934	7.837	36.776	0.847

续表2-4

序号	藏品检测编号	藏品名称	器物图
9	BHCJ-2019-QC-00668-02	白釉高盘口双耳瓷执壶	

器物检测分析图

器物检测元素分析表/%

编号	Zr	Sr	Rb	Fe	Mn	Ti	Ca	K	Al	Si	Cl	S
181	0.004	0.007	0.014	0.877	0.047	0.088	0.438	1.885	7.395	35.816	—	0.236
182	0.005	0.012	0.014	0.732	0.083	0.019	8.585	1.302	7.568	43.318	—	—
183	0.004	0.012	0.012	0.947	0.086	0.073	6.540	1.166	5.474	39.695	0.030	0.348

续表2-4

序号	藏品检测编号	藏品名称	器物图
10	BHCJ-2019-QC-00397	四耳盘口瓷壶	

器物检测分析图

器物检测元素分析表/%

编号	Zr	Sr	Rb	Fe	Mn	Ti	Ca	K	Al	Si	S
184	0.027	0.003	0.011	1.433	—	0.482	—	2.578	12.047	42.483	0.143
185	0.028	0.009	0.010	1.391	0.189	0.381	8.515	2.233	4.855	30.651	—

续表2-4

序号	藏品检测编号	藏品名称	器物图
11	BHCJ-2019-QC-00169	龙泉翠青釉棱花盘	

器物检测分析图

器物检测元素分析表/%

编号	Zr	Sr	Rb	Fe	Mn	Ti	Ca	K	Al	Si	S
186	0.005	—	0.032	1.578	—	0.151	0.145	2.780	8.818	30.395	0.305
187	0.005	0.011	0.022	1.204	0.095	0.063	5.093	3.778	4.686	41.536	—

续表2-4

序号	藏品检测编号	藏品名称	器物图
12	BHCJ-2019-QC-00168	福建德化贴花白瓷杯	

器物检测分析图

器物检测元素分析表/%

编号	Zr	Sr	Rb	Fe	Mn	Ti	Ca	K	Al	Si	S
188	0.009	0.011	0.011	0.099	0.097	0.022	5.318	4.439	5.488	44.362	0.328
189	0.009	0.010	0.010	0.088	0.123	0.024	3.711	4.407	5.814	45.690	—

续表2-4

序号	藏品检测编号	藏品名称	器物图
13	BHCJ-2019-QC-00396	四耳盘口瓷壶	

器物检测分析图

器物检测元素分析表/%

编号	Zr	Sr	Rb	Zn	Fe	Mn	Ti	Ca	K	Al	Si	S
190	0.031	0.004	0.010	0.017	1.400	—	0.629	0.990	1.994	9.072	49.022	0.161
191	0.026	0.010	0.007	0.032	1.003	0.208	0.341	7.218	1.478	4.071	31.381	—

续表2-4

序号	藏品检测编号	藏品名称	器物图
14	BHCJ-2019-QC-00666	白釉喇叭口执壶	

器物检测分析图

器物检测元素分析表/%

编号	Zr	Sr	Rb	As	Zn	Fe	Mn	Ti	Ca	K	Al	Si	Cl	S
192	0.004	0.006	0.016	0.004	—	0.492	—	0.025	1.673	1.922	4.254	33.023	1.381	0.981
193	0.003	0.021	0.015	0.005	0.010	0.530	0.193	0.039	7.735	1.340	4.124	40.565	0.283	0.191
194	0.003	0.020	0.013	—	0.010	0.573	0.139	0.027	6.868	1.229	4.140	38.191	0.195	0.113

蕲春县博物馆馆藏陶瓷文物保护与利用研究

续表2-4

序号	藏品检测编号	藏品名称	器物图
15	BHCJ-2019-QC-00066	吉州窑黑釉碗	

器物检测分析图

器物检测元素分析表/%

编号	Zr	Sr	Rb	As	Zn	Fe	Mn	Ti	Ca	K	Al	P	Si	Cl	S
195	0.036	0.006	0.010	—	—	1.374	—	0.565	0.109	2.684	8.933	—	31.262	0.064	0.298
196	0.029	0.009	0.009	0.006	0.013	3.499	0.392	0.240	2.865	3.375	6.484	—	40.304	—	0.484
197	0.032	0.008	0.009	—	0.009	3.165	0.289	0.305	2.234	3.672	5.264	0.308	36.611	—	0.139

078

续表2-4

序号	藏品检测编号	藏品名称	器物图
16	BHCJ-2019-QC-00162	青花勾莲纹瓷碗	

器物检测分析图

器物检测元素分析表/%

编号	Zr	Sr	Rb	Fe	Mn	Ti	Ca	K	Al	Si
198	0.004	0.006	0.016	0.455	—	0.018	4.770	3.307	5.859	47.288
199	0.004	0.006	0.015	0.443	0.042	—	5.413	3.467	5.220	43.416

续表2-4

序号	藏品检测编号	藏品名称	器物图
17	BHCJ-2019-QC-00160	青花水藻纹小瓷碗	

器物检测分析图

器物检测元素分析表/%

编号	Zr	Sr	Rb	As	Co	Fe	Mn	Ti	Ca	K	Al	Si	Cl	S
200	0.006	0.004	0.014	—	—	1.406	0.068	0.140	0.826	2.097	9.084	42.812	0.067	1.257
201	0.003	0.007	0.016	—	—	0.528	0.037	0.026	4.895	2.994	5.411	45.633	—	—
202	0.004	0.007	0.015	0.008	0.334	1.097	2.859	—	3.225	3.036	5.833	42.861	—	0.179

续表2-4

序号	藏品检测编号	藏品名称	器物图
18	BHCJ-2019-QC-00161	青花水藻纹瓷碗	

器物检测分析图

器物检测元素分析表/%

编号	Zr	Sr	Rb	Fe	Mn	Ti	Ca	K	Al	Si	S
203	0.003	0.008	0.013	1.044	—	0.039	3.313	2.176	3.364	31.682	0.915
204	0.003	0.007	0.014	0.758	—	0.017	5.248	3.121	5.367	49.916	—
205	0.003	0.008	0.013	0.666	0.220	0.228	5.958	2.996	4.766	43.015	0.169

续表2-4

序号	藏品检测编号	藏品名称	器物图
19	BHCJ-2019-QC-00060	青白瓷小碗	

器物检测分析图

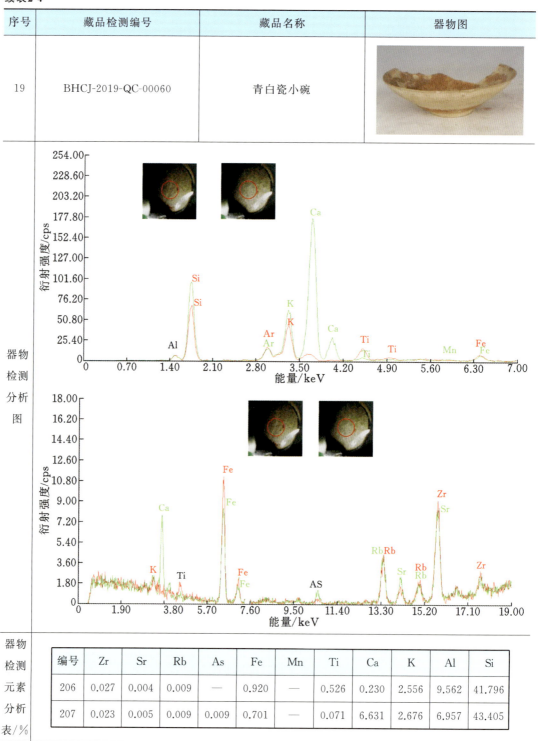

器物检测元素分析表/%

编号	Zr	Sr	Rb	As	Fe	Mn	Ti	Ca	K	Al	Si
206	0.027	0.004	0.009	—	0.920	—	0.526	0.230	2.556	9.562	41.796
207	0.023	0.005	0.009	0.009	0.701	—	0.071	6.631	2.676	6.957	43.405

注：表中单元格内一字线"—"表示相应元素的检测值小于最小可检测值。

表 2-5　X 射线荧光光谱检测结果与处理意见

序号	藏品编号	藏品名称	釉色	检测结果	处理意见
1	00003	青白瓷瓜棱盖罐	青白釉	瓷器常见化学成分	附着物取样,确定成分后采取物理清除法、化学清除法进行清洗
2	00185	青瓷高颈四系盘口壶	青釉	钙质沉积	用 4% 的次氯酸钠溶液对其进行浸泡后,用去离子水进行冲洗
3	00006	青白瓷喇叭口执壶	青白釉	瓷器常见化学成分	附着物取样,确定成分后采取物理清除法、化学清除法进行清洗
4	01345-01	白釉敞口高足瓷碗	白釉	瓷器常见化学成分	附着物取样,确定成分后采取物理清除法、化学清除法进行清洗
5	00122	霁兰方形带盖执壶	霁蓝釉	含有可溶性盐	修复前须进行脱盐处理
6	01412-01	龙凤纹青花瓷碗	青釉	钙质沉积	用 4% 的次氯酸钠溶液对其进行浸泡后,用去离子水进行冲洗
7	01412-02	龙凤纹青花瓷碗	青釉	钙质沉积	用 4% 的次氯酸钠溶液对其进行浸泡后,用去离子水进行冲洗
8	00159	青釉三脚龙足两耳炉	青釉	瓷器常见化学成分	附着物取样,确定成分后采取物理清除法、化学清除法进行清洗
9	00668-02	白釉高盘口双耳瓷执壶	白釉	钙质沉积	用 4% 的次氯酸钠溶液对其进行浸泡后,用去离子水进行冲洗
10	00397	四耳盘口瓷壶	青釉	瓷器常见化学成分	附着物取样,确定成分后采取物理清除法、化学清除法进行清洗
11	00169	龙泉翠青釉棱花盘	青釉	瓷器常见化学成分	附着物取样,确定成分后采取物理清除法、化学清除法进行清洗
12	00168	福建德化贴花白瓷杯	白釉	瓷器常见化学成分	附着物取样,确定成分后采取物理清除法、化学清除法进行清洗

续表2-5

序号	藏品编号	藏品名称	釉色	检测结果	处理意见
13	00396	四耳盘口瓷壶	青釉	瓷器常见化学成分	附着物取样,确定成分后采取物理清除法、化学清除法进行清洗
14	00666	白釉喇叭口执壶	白釉	含有可溶性盐	修复前须进行脱盐处理
15	00066	吉州窑黑釉碗	黑釉	含有可溶性盐	修复前须进行脱盐处理
16	00162	青花勾莲纹瓷碗	青釉	瓷器常见化学成分	附着物取样,确定成分后采取物理清除法、化学清除法进行清洗
17	00160	青花水藻纹小瓷碗	青釉	含有可溶性盐	修复前须进行脱盐处理
18	00161	青花水藻纹瓷碗	青釉	瓷器常见化学成分	附着物取样,确定成分后采取物理清除法、化学清除法进行清洗
19	00060	青白瓷小碗	白釉	瓷器常见化学成分	附着物取样,确定成分后采取物理清除法、化学清除法进行清洗

三、傅里叶红外光谱检测分析

本项目中有2件(套)瓷器存在早期修复残留物,通过取样分析对其进行成分测定,以确定适宜的清除方案。

(1)检测仪器:赛默飞世尔科技(Thermo Fisher Scientific)Nicolet iS5型傅里叶红外光谱仪。

(2)检测时间:2019年5月28日。

(3)检测数据:详见图2-21至图2-23。

(4)检测结果与处理意见:详见表2-6。

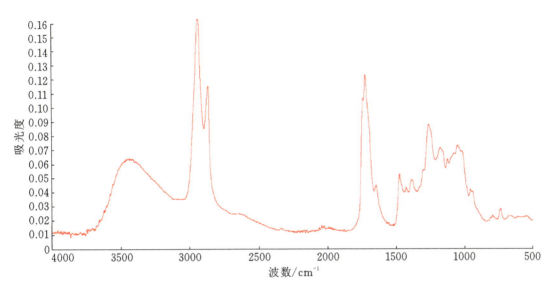

图 2-21　龙泉翠青釉棱花盘(00169)胶体傅里叶红外光谱图

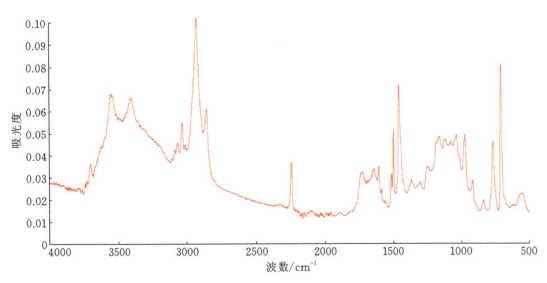

图 2-22　白釉敞口高足瓷碗(01345-01)胶体光滑面傅里叶红外光谱图

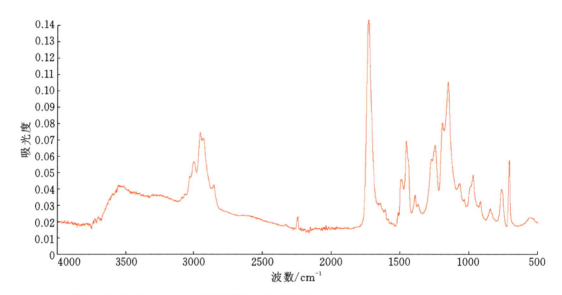

图 2-23　白釉敞口高足瓷碗(01345-01)胶体毛面傅里叶红外光谱图

表 2-6　傅里叶红外光谱检测结果与处理意见

序号	藏品编号	藏品名称	取样部位	检测结果	处理意见
1	00169	龙泉翠青釉棱花盘	胶体	脱蜡虫胶树脂	使用乙醇溶液湿敷处理
2	01345-01	白釉敞口高足瓷碗	胶体光滑面	丙烯腈-丁二烯-苯乙烯共聚物	用丙酮溶液浸泡器物以软化胶体,再用超声波清洗仪清洗
			胶体毛面	丙烯酸树脂 Paraloid B-60	用环氧树脂溶解液溶解胶体,再用去离子水冲洗

四、拉曼光谱检测分析

由于部分瓷器存在难以用物理方法去除的表面附着物，还有部分器物内部存在一定的内装物成分，采用拉曼光谱检测分析对其进行检测分析，了解表面附着物的成分，以便确定清除方式。

（1）检测仪器：堀场（HORIBA）XploRA INV 型多功能拉曼及成像光谱仪。

（2）检测时间：2019 年 6 月 10 日。

（3）检测结果与处理意见：详见表 2-7。

表 2-7　拉曼光谱检测结果与处理意见

序号	藏品编号	藏品名称	取样	检测结果	处理意见
1	00006	青白瓷喇叭口执壶	附着物	石英	用去离子水冲洗后，再用超声波清洗仪进行清洗
2			内装物	长石	用去离子水冲洗后，再用超声波清洗仪进行清洗
3	00159	青釉三脚龙足两耳炉	附着物	方解石	用去离子水冲洗后，尝试采用物理清除法进行清理
4	01412-01	龙凤纹青花瓷碗	附着物	霰石	用稀盐酸溶解附着物后，再用去离子水冲洗
5	01412-02	龙凤纹青花瓷碗	附着物	方解石	用稀盐酸溶解附着物后，再用去离子水冲洗

五、离子色谱检测分析

部分瓷器在出土时表面有大量附着物及内装物，通过取样分析对其成分进行测定。对于器物表面附着物，可选择适当方法将其去除；对于器物内装物，可根据其承载的文物信息来决定是否保留。

（1）检测仪器：赛默飞世尔科技（Thermo Fisher Scientific）Dionex Aquion 型离子色谱仪。

（2）检测时间：2019 年 6 月 10 日。

（3）检测数据：详见表 2-8。

（4）检测结果与处理意见：详见表 2-9。

表 2-8　离子色谱检测数据

序号	藏品编号	藏品名称	取样	离子含量/（mg/L）			
				氟离子	氯离子	硝酸根离子	硫酸根离子
1	01412-01	龙凤纹青花瓷碗	附着物	—	0.14	0.37	2.75
2	01412-02	龙凤纹青花瓷碗	附着物	—	0.29	0.55	6.14

表 2-9　离子色谱检测结果与处理意见

序号	藏品编号	藏品名称	取样	检测结果	处理意见
1	01412-01	龙凤纹青花瓷碗	附着物	可溶性盐	采用静置脱盐法脱盐，用去离子水浸泡器物，脱盐结束的标准为脱盐池内水中 TDS（total dissolved solids，溶解性固体总量）值趋近于 5 mg/L
2	01412-02	龙凤纹青花瓷碗	附着物	可溶性盐	

第四节　价值评估

陶瓷文物一般具备历史价值、科学价值、艺术价值三大价值，在不同的场合陶瓷文物的价值可能还包括经济价值、社会价值、文化价值等。其中，陶瓷文物的历史价值体现为文物是帮助人们认识和恢复历史本来面貌的重要因素，陶瓷文物是历史事件、历史人物或与之相关的重要实物见证，可以证实、订正、补充相关文献记载。陶瓷文物的科学价值主要为结构、材料和工艺以及它们所代表的当时的科学技术水平或科学技术发展过程中的重要环节，蕴含古代科学技术成就、发展观念等内容。陶瓷文物的艺术价值包括反映古代审美观念的工艺、技术、构思和表现手法等。陶瓷文物的社会价值主要包含了记忆、情感、教育等内容。陶瓷文物的文化价值包含了文化多样性、文化传统的延续及非物质文化遗产要素等相关内容[5]。

一、历史价值

文物是由产生它的那个时代的一定人群，根据当时政治、经济、军事、文化等需要，运用当时所能得到的物质材料和掌握的技术创造出来的。每一件文物都从不同侧面反映了它们所处年代的政治、经济、科学技术、文化艺术、宗教信仰、风情习俗等诸多方面的历史信息和内容，是历史发展的见证[6]。

本次保护修复的瓷器年代跨度较大，既有西晋常见的青瓷盘口壶，也有两宋时期的各式执壶、明清的青花瓷和颜色釉瓷，较为全面地反映了我国古代瓷器制造业的发展历程，为我国古陶瓷制造史的研究提供了一定的实物资料。本项目包含吉州窑、德化窑、龙泉窑等多个窑口的瓷器，是研究各个窑口工艺发展水平的实物资料。本项目中宋代喇叭口执壶以及清代瓷碗数量较多，这些器物从侧面反映了社会历史的变迁。总而言之，这批瓷器文物是蕲春地区各个时期社会发展水平、文化交流状况、经济贸易路线的重要历史见证。

二、科学价值

陶瓷器凝结了古人的智慧，是几千年来古人不断探索和创新的结果，陶瓷器制作技术的发展也是古代科学技术和社会生产力发展的体现。陶瓷器的科学价值在于通过对胎、釉原料的选择，以及烧造技术、烧成温度、装饰工艺的研究分析，了解它们制作年代的科技水平。东汉时期出现了真正的青瓷，随青瓷一同出现的是黑瓷，青瓷与黑瓷都以铁为主要着色剂，两者生产工艺基本相同，区别仅在于釉料中氧化铁的含量不同。每一次釉色的变化，都是先民对胎釉原料的选择，对着色剂的进一步认识，对窑炉的不断改进，是历经千万次试验的结果。

本项目保护修复的瓷器几乎涵盖了从青瓷到白瓷、青白瓷、颜色釉瓷、彩绘瓷的所有品种，对瓷器釉面成分进行分析，研究其成色原理，可为后期保护修复中的随色处理奠定基础。本项目保护修复的瓷器体现了古人高超的制瓷技术，制作日趋精美的陶瓷器，蕴含着当时的科学发展理念，是研究古代科学、技术成就的实物参考资料。

三、艺术价值

本项目保护修复的瓷器器形多样，有碗、盘、碟、壶、罐等，装饰丰富，大部分是独具匠心、工艺精湛的艺术品，具有较高的艺术价值。本次保护修复的宋荷花瓷碗、明龙泉翠青釉棱花盘、明福建德化贴花白瓷杯轻巧美观、样式新颖，是时代审美的缩影，既具有实用功能，又极具艺术价值。蕲春县博物馆馆藏的珐华五彩仙鹤莲鹭纹瓷罐，造型庄重大方、色彩浓艳、立体感强，反映了明代低温瓷器的超高装饰水平，具有丰富的文化内涵和较高的艺术价值。本项目保护修复的瓷器，无论造型、装饰纹样，还是胎釉颜色等，都是中国古代先民审美观念的具体体现，是中华民族的伟大发明和艺术结晶。

四、社会价值

蕲春县博物馆的陶瓷藏品多出土于本地，能从侧面反映出蕲春县当地的陶瓷贸易发展史以及各时代文化风俗的变迁，对普及、传播悠久的中国陶瓷器文化起到积极推动作用。馆藏陶瓷器也是地方文物的重要组成部分，承载着灿烂文明，传承着历史文化，是增强文化自信的重要资源，对于增强地区文化认同、加强地区凝聚力、突显地方文化内涵具有重要意义。

本项目中的瓷器保护修复完成后，不仅能使其得到有效的保护，丰富博物馆馆藏，更能作为蕲春对外展示的重要展品，使观众领略瓷器独特的魅力，加深对地区历史文化的了解。可对这批瓷器进行合理展示利用，把文化资源优势转化为发展优势，推动文化与旅游融合发展。

第五节　保护修复试验

一、清洗试验

清洗的目的是把需保护修复器物表面及断裂部位的各种附着物、老化胶体等清理干净，为下一步工艺的实施创造条件。清洗的方法有许多种，主要分为物理清除法和化学清除法两种。一般在对某件器物实施清洁前，要先了解其胎质、釉面稳定情况及破损情况，确定适宜的清洗方法和清洁剂后，才可在实物上实施清洁工作。

1. 泥土附着物的清除

清除器物上的泥土附着物前，要先了解其胎质和破损情况，确定适宜的清洗方法和清洁剂，而后才可在实物上进行清洗工作。

试验过程：

（1）胎釉结合紧密的器物：先尝试用棉条蘸取去离子水或混合溶液（液体种类包括去离子水、无水乙醇、丙酮溶液、乙酸乙酯溶液，其中去离子水、无水乙醇以1∶1的比例混合后的溶液简称 2A 溶液；去离子水、无水乙醇、丙酮溶液以1∶1∶1的比例混合后的溶液简称 3A 溶液；去离子水、无水乙醇、丙酮溶液、乙酸乙酯溶液以1∶1∶1∶1的比例混合后的溶液简称 4A 溶液）进行湿敷，用竹签、手术刀片或软毛刷清除器物上的泥土附着物，再使用超声波清洗仪进行辅助清除，每隔半小时捞出器物，观察附着物是否松动脱落。

（2）胎釉结合不紧密的器物：使用棉签蘸去离子水或 2A 溶液、3A 溶液、4A 溶液逐步进行点蘸清除处理，观察附着物是否松动脱落。

经过试验得出以下结论：

（1）对胎釉结合紧密的器物，使用棉条蘸取丙酮溶液或无水乙醇进行湿敷，或将碎片直接放入溶液中浸泡，每隔半小时观察附着物是否松动脱落，待附着物松动脱落，再使用超声波清洗仪进行震荡清洗，直至无化学试剂残留，最后用手术刀片进行细节清除处理。

（2）对胎釉结合不紧密的器物，使用棉签蘸取去离子水、丙酮溶液或无水乙醇清理附着物。

（3）对于胎质严重疏松的器物，若用4A溶液湿敷后仍存在无法清除的牢固附着物，则附着物可予以保留，不做硬性清除。

2. 老化胶体的清除

本项目中存在修复不当的器物，粘接材料因耐久性差而出现老化、泛黄、发黑、粘接失效、侵害器物本体等情况，不利于文物的长期保存、展陈和后期修复。故本着文物保护"最小干预"原则，尽可能将老化胶体清除。经过检测分析，针对老化胶体的材质和器物的质地进行老化胶体清除试验。

试验过程：

（1）胎釉结合紧密的器物：使用热水、热风枪对器物进行加热拆卸处理。拆卸完毕后挑选小块不显眼部位器物碎片进行试验。先进行物理试验，使用刀片轻轻撬动所选碎片断层和表面老化胶体，观察老化胶体是否有松动；选一块碎片放入超声波清洗仪中加去离子水加热清洗，每隔半小时捞出观察老化胶体是否松动。再进行化学试验，选一块碎片放入2A（3A、4A）溶液中浸泡或使用棉条蘸取2A（3A、4A）溶液进行小范围湿敷试验，每隔半小时观察老化胶体是否松动脱落。

（2）胎釉结合不紧密的器物：考虑到其胎釉的承受能力弱，故不做物理硬性拆除和化学浸泡拆除试验，可使用热水浸泡后拆卸。拆卸完毕后挑选小块不显眼部位器物碎片进行试验。使用棉条蘸取2A（3A、4A）溶液对所选碎片进行小范围湿敷试验，每隔半小时观察老化胶体是否松动脱落。

以下为不同材质老化胶体的试验结果：

（1）502胶水的特点是无色，气味大，渗透性强。试验结果：对于胎釉结合紧密的器物，使用热风枪局部加热粘接胶体部位可以有效拆卸器物，再使用丙酮溶液浸泡可以有效清除老化胶体；对于胎釉结合不紧密的器物，使用热水浸泡可以安全地拆卸器物，再使用棉签加丙酮溶液以点蘸的方式清除老化胶体，每隔半小时用手术刀片撬动老化胶体观察是否松动，直至老化胶体松动脱落。

（2）虫胶（生物胶）的特点是无色、无味，渗透性较差，耐久性差。试验结果：对于胎釉结合紧密的器物，使用热风枪局部加热粘接胶体部位可以有效拆卸器物，再使用无水乙醇浸泡可以有效清除老化胶体；对于胎釉结合不紧密的器物，使用热水浸泡可以安全地拆卸器物，使用棉条蘸取无水乙醇进行小范围湿敷清除老化胶体，每隔半小时用手术刀片撬动老化胶体观察是否松动，直至老化胶体松动脱落。

3. 老化补配材料的清除

本项目中大部分被修复过的器物都经过石膏补配，长期保存过程中温度、湿度的变化都会影响器物的稳定性，不利于器物的长期保存和展陈。

试验过程：用手指轻轻敲击晃动石膏。稳定性强的石膏密度小，敲击声音清脆，无松动；稳定性差的石膏敲击声音低沉，有松动。

试验结果：

（1）对于胎釉结合紧密的器物，考虑到长期保存与展陈效果，应清除补配的石膏，更换耐久性能更好的材料；

（2）对于胎釉结合不紧密的器物，本着文物保护"最小干预"原则，只对稳定性差的老化石膏进行拆除，保留稳定性强的石膏并采用5％的 Paraloid B-72 丙酮溶液对其进行加固处理。

二、加固试验

针对需要做釉面加固处理的瓷器，用不同浓度（3％～5％）Paraloid B-72 丙酮溶液分别在器物表面不显眼处小范围进行隔离试验。通过对试验结果和文物现状的分析可知，对于胎釉结合较为紧密的器物，可用 3％的 Paraloid B-72 丙酮溶液做加固处理；对于胎釉结合不紧密的器物，可用 5％的 Paraloid B-72 丙酮溶液做加固处理。

三、断面隔离试验

针对胎质疏松、粘接前需要做断面隔离处理的器物，用不同浓度（2％～10％）Paraloid B-72 丙酮溶液分别在断面小范围进行隔离试验。通过对试验结果和文物现状的分析可知，用 5％的 Paraloid B-72 丙酮溶液做断面隔离处理最为合适。

四、粘接试验

（1）用 502 胶水粘接。502 胶水的特点是流动性好，但到了一定时间会老化脱落，而且附着到器物表面难以清除，再处理难度大。

（2）用海克斯塔 NYL-1 环氧树脂胶粘接。海克斯塔 NYL-1 环氧树脂胶的特点是流动性非常好、抗氧化性好、可再处理，但固化时间很长，完全固化需要 7 天。

（3）用爱牢达 2020 环氧树脂胶粘接。爱牢达 2020 环氧树脂胶的特点是可再处理，虽然相较海克斯塔 NYL-1 环氧树脂胶其流动性及抗氧化性都略逊，但是初步固化只需要 12 小时，完全固化需要 36 小时。

（4）用 509 环氧树脂胶粘接。509 环氧树脂胶粘接力强、牢固可靠且固化后质地坚硬、机械强度高、收缩率低、不易产生裂缝。

根据以上分析对比可知，胎质坚硬的瓷器碎片粘接选爱牢达 2020 环氧树脂胶；胎质疏松的瓷器碎片粘接选 509 环氧树脂胶，但粘接面应先用 5％的 Paraloid B-72 丙酮溶液做隔离处理。

五、补配试验

本项目中大部分器物都存在一定的缺损，提前进行相应试验可为后期保护修复节省时间。适合的补配材料有助于延长文物保存和展陈时间。需要注意的是，对于胎釉结合不紧密的器物，补配前需使用 5% 的 Paraloid B-72 丙酮溶液对断面进行隔离处理。

1. 翻模试验

（1）蜡片翻模。本项目中瓷器釉面受到不同程度侵蚀，出现伤釉的现象，若用蜡片翻模，则器物表面的空隙里易沾染残余的软化蜡片，很难清理干净，影响下一步补配、作色等工作。

（2）自由树脂翻模。自由树脂无色半透明，翻模操作简单，成形后形态稳定，虽有弹性，但树脂达到一定厚度后回弹性较好。

根据以上分析对比可知，本项目中釉面不稳定的瓷器使用自由树脂进行翻模，釉面稳定的瓷器用蜡片翻模。

2. 补配试验

（1）石膏补配。石膏固化后硬度低，补配易打磨，适用于大面积缺损器物。但石膏黏性差，补配后很容易脱落。

（2）509 环氧树脂胶补配。509 环氧树脂胶黏性好，且固化后质地坚硬、机械强度高、收缩率低、不易产生裂缝，打磨后的粉尘相较于石膏好清洗。填料选择滑石粉，滑石粉的掺加比例高，胶体的流动性就小，固化过程中易定型。

在实际操作中，应根据器物胎质坚硬程度及破损情况选择合适的补配材料进行补配。

六、作色补绘试验

（1）聚氨酯漆作色衬绘。聚氨酯漆耐高温且成本低。

（2）硝基漆作色衬绘。硝基漆瓷质感强，但气味大、成本高且不耐高温。

根据以上对比分析，考虑到项目实施者的工作习惯，选择聚氨酯漆进行作色补绘。

第六节　保护修复技术路线

一、方案设计依据

- 《中华人民共和国文物保护法》(2017 年修正本)
- 《中华人民共和国文物保护法实施条例》(2017 年修订)
- 《馆藏文物保存环境质量检测技术规范》(WW/T 0016—2008)
- 《国家重点文物保护专项补助资金管理办法》(财教〔2013〕116 号)
- 《可移动文物病害评估技术规程　瓷器类文物》(WW/T 0057—2014)

参考的相关文件如下:

- 《陶质文物彩绘保护修复技术要求》(GB/T 30239—2013)
- 《陶质彩绘文物病害与图示》(WW/T 0021—2010)
- 《陶质彩绘文物保护修复方案编写规范》(WW/T 0022—2010)
- 《陶质彩绘文物保护修复档案记录规范》(WW/T 0023—2010)

二、保护修复原则

本项目本着"保护第一、加强管理、挖掘价值、有效利用、让文物活起来"的文物工作方针,根据《中华人民共和国文物保护法》(2017 年修正本),在保护文物时,坚持不改变文物原状的原则,最小干预的原则,使用的材料必须符合可再处理的原则,真实性和艺术性相结合的原则,可识别与整体协调相结合的原则;采用先进的技术方法,确保文物保护的科学性和持久性。在保护工作中要防止"保护性"的损害,保护后不留隐患、无副作用,将保护和预防结合起来。

本项目保护修复工作目标是对这批瓷器文物进行保护与修复，使得这批文物能够达到稳定性、牢固性和可再修复的要求，确保修复后的文物可长期保存和陈列展览。

三、技术路线

对这批瓷器文物进行保护修复时，主要采用的技术路线详见图 2-24。

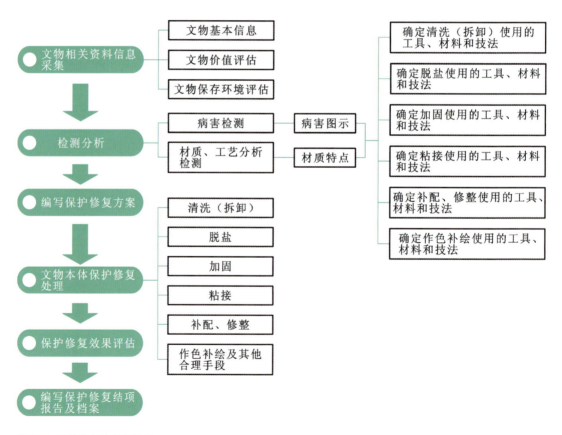

图 2-24　保护修复技术路线图

第七节　保护修复实施过程

一、保护修复材料

（1）清洗所用材料：去离子水、无水乙醇、丙酮溶液、乙酸乙酯溶液、环氧树脂溶解液、棉条、棉签等。

（2）脱盐所用材料：去离子水。

（3）加固剂：3％、5％的 Paraloid B-72 丙酮溶液。

（4）粘接材料：爱牢达 2020 环氧树脂胶、509 环氧树脂胶、矿物色粉。

（5）翻模材料：自由树脂、蜡片。

（6）补配材料：石膏、509 环氧树脂胶、滑石粉等。

（7）作色及补绘材料：聚氨酯漆及配套颜料、环保性材料及配套颜料等。

二、保护修复步骤及要求

根据上述检测分析及试验结果，对本项目中各个瓷器文物制订具有针对性的、科学的保护修复措施及步骤。

（一）清洗（拆卸）

主要材料：去离子水、无水乙醇、丙酮溶液、乙酸乙酯溶液。

主要工具：棉条、超声波清洗仪、竹签、手术刀片、软毛刷等。

工作要点：在遵守文物保护"最小干预"原则的前提下，针对器物胎釉结合紧密程度进行局部小范围试验。

清洗的目的是去除器物表面及断裂部位的各种附着物，为实施下一步工序创造条件。清洗按器物胎釉结合紧密和胎釉结合不紧密分为以下两种情况。

（1）对于胎釉结合紧密的器物：先用热风枪对器物进行加热以辅助拆卸，然后使用棉签蘸取 2A 溶液、3A 溶液或 4A 溶液进行湿敷或将碎片直接放入清洗剂中浸泡，每隔半小时观察一次直至附着物松动脱落，再使用超声波清洗仪震荡清洗直至没有清洗剂残留，最后用手术刀片进行物理清除（图 2-25）。

（2）对于胎釉结合不紧密的器物：先将器物浸泡在热水中进行拆卸，然后使用棉签蘸取去离子水或 2A 溶液、3A 溶液、4A 溶液湿敷附着物部位，每隔半小时使用竹签或手术刀轻轻撬动附着物，并观察附着物松动脱落情况。为避免二次伤害，胎釉结合十分不紧密的器物不做拆卸处理，只清洗；对已有补配材料进行加固，如有松动使用 509 环氧树脂胶进行粘接补配。

图 2-25　清除器物表现附着物

（二）脱盐

本项目中的瓷器采用静置脱盐法脱盐。

主要材料：去离子水。

主要工具：防滑手套、脱盐池、水质检测 TDS 笔。

工作要点：脱盐结束的标准为脱盐池内水中 TDS 值趋近于 5 mg/L。

（1）用去离子水浸泡器物，如脱盐时气温较低可采用冷热交替法进行脱盐处理；

（2）脱盐 24 小时后，测量并记录水中 TDS 值，而后将脱盐池内的水更换为去离子水，再重复步骤（1）；

（3）重复上述步骤，直至脱盐池内水中 TDS 值趋近于 5 mg/L；

（4）脱盐结束后将器物静置于通风处自然干燥。

（三）加固

对胎釉结合较为紧密的器物，使用 3％的 Paraloid B-72 丙酮溶液均匀涂抹到需要加固的冲口、裂纹、裂缝、伤釉等处，进行渗透加固；对胎釉结合不紧密的器物使用 5％的 Paraloid B-72 丙酮溶液均匀涂抹到需要加固的冲口、裂纹、裂缝、伤釉等处，进行渗透加固，此类器物断面处用 5％的 Paraloid B-72 丙酮溶液进行粘接隔离。

（四）粘接

碎片较多、粘接流程长且质地坚实的器物选用爱牢达 2020 环氧树脂胶进行粘接；质地相对较为疏松且碎片较少的器物选 509 环氧树脂胶进行粘接更为合适（图 2-26）。粘接处需无明显落差、无残胶，将粘接材料涂抹在断面，然后用透明胶带临时固定，待胶体完全固化后将胶带拆开，并用无水乙醇湿敷后再用手术刀片去除多余残胶。

图 2-26　粘接

（五）补配

主要材料：509 环氧树脂胶、滑石粉、矿物色粉、石膏。

主要工具：竹签、瓷板、自由树脂、蜡片。

工作要点：基本形状、走势与原器物一致。

（1）器物上宽缝隙、无装饰纹饰的小残缺部位可直接用补配材料填平，补齐缺损部位。

（2）器物出现大面积缺损、立体部位缺损（如耳、足）、缺损部位形状复杂或压印有装饰纹饰，应采用翻范法进行补配（图 2-27）。

图 2-27　补配

（六）修整

主要工具：手术刀、刀片、雕刻刀、砂纸、砂条、电动角磨机。

工作要点：修整时，对于胎质疏松以及伤釉的器物，应控制修整范围。对于缺失面积小的器物，修整后在视觉、触觉上均与原器物无明显差别；对于缺失面积大的器物，使用降阶修整方法，使补缺处在视觉上与原器物有明显差别（图 2-28），这样的修整方法更好地践行了保护修复的基本原则。

图 2-28　修整

（七）作色补绘

主要材料：聚氨酯漆。

主要工具：喷笔、气泵、瓷板、小瓷杯、毛笔。

工作要点：控制随色范围，尽量做到最小干预。随色时注意器物不要沾染颜料，保持器物本体干净；同时也要注意仅在补配部位进行补绘，不可超出补配范围（图 2-29）。

图 2-29　作色补绘

这批瓷器作色补绘主要使用到以下四种方法：

（1）涂刷法：使用毛笔进行随色，是一种传统而又最普遍的随色方法。

（2）喷涂法：使用喷笔进行随色，随色均匀且细腻、不留接痕、操作速度快、表现技法多样。

（3）点染法：使用毛笔作出分布不均匀和形状不规则的色斑或色点的效果。

（4）掸拨法：利用笔毛反掸作用把涂料液弹成雾状小点落于着色部位。[7]

第八节　保护修复重难点及其处理

一、根据文物保存现状，采取有针对性的修复方式

针对文物破损情况及其价值，本项目在修复过程中，主要采用了复原型和可识别型两种修复方式。

对于胎体坚硬致密、艺术价值较高、文物信息基本完整且残缺面积较小、结构部位较为单一、缺失造型和纹饰可根据器物完好部分的样式进行补全的器物，可采用复原型修复方式，使器物修复部位纹饰与本体续接，胎体面颜色、光滑程度和光泽度与本体一致，主要展示器物的艺术价值，如图 2-30、图 2-31 所示。

图 2-30　明福建德化贴花白瓷杯修复前后对比

图 2-31　明白瓷碗修复前后对比

对于胎体比较疏松脆弱、残缺面积较大、缺失造型或纹饰无法通过文物本身规律确定的器物，可采用可识别型修复方式。本项目的可识别型修复大体可以分为两种：一种是仅对器物修复区域的颜色进行可识别处理，在补配、修整完成后，根据器物本体的胎釉颜色进行"降一色"（底釉色系相近、色度降低）处理，这样既能区分出补配部分又能体现器物的完整性，同时凸显原件部位的真实性，如图 2-32 所示；另一种则是对修复区域的外形和颜色均进行可识别处理，补配阶段就有意识地使补配区域略低于器物表面，作色阶段在釉色、光泽度和纹饰等方面再一次进行降阶处理，使修复区域和器物本身形成更加鲜明的对比，如图 2-33、图 2-34 所示。这种可识别型修复方式更加适用于整体造型犹在，但腹部有局部缺失的器物，不仅可以有效控制打磨范围，为后续修复留有余地，也能更加凸显出器物本身的可读性，最大程度地提升文物展陈效果。

蕲春县博物馆馆藏陶瓷文物保护与利用研究

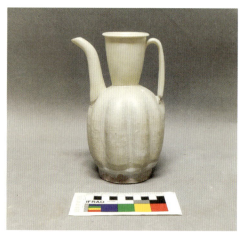

图 2-32　宋青瓷瓜棱执壶修复前后对比

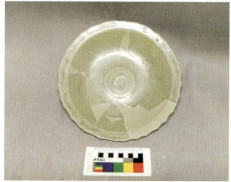

图 2-33　明龙泉翠青釉棱花瓷盘修复前后对比

图 2-34　明青花带盖小瓷罐修复前后对比

106

二、对于器物不当修复痕迹的处理

本项目中的多数器物来源于采集或考古发掘，部分器物的器身上还留有记号笔的笔迹或旧有的不当修复痕迹，修复过程中需要对这些不当修复痕迹进行妥善处理。

本项目中的宋敞口莲瓣纹白瓷碗，口径 15.8 厘米、底径 6.3 厘米，口沿有局部破损，此外，碗心留有明显的记号笔笔迹，且已渗入瓷器胎体内。对于笔迹的处理，先使用去离子水浸泡器物，将器物表面残存的记号笔痕迹清洗掉，再用抛光棒对器物表面釉层笔迹进行轻微抛光，这样可以清除浅层痕迹。考虑到该器物质地较为疏松，为了避免清除笔迹时给器物造成更大的损害，对于深层次的笔迹暂时予以保留，待有了更科学适宜的方法后再行处理。器物修复前后对比如图 2-35 所示。

图 2-35　宋敞口莲瓣纹白瓷碗修复前后对比

本项目中的明霁兰方形带盖执壶，高 21.5 厘米、口径 3.9 厘米、腹径 7.4 厘米、底径 7 厘米，该器物除了口沿和盖沿有小面积缺失外，其壶流根部曾断裂并用虫胶进行过简单的粘接处理，目前该胶体已经老化；另一件明龙泉翠青釉棱花盘裂缝粘接处也存在同样的问题。对于这类痕迹的处理：先用温热的去离子水浸泡，使胶体逐渐软化，再用手术刀或其他机械手段慢慢清理，如果热浴法效果不佳，可进一步选用热风枪进行局部加热处理以加速胶体的老化；对于顽固胶体，可以用化学药剂如丙酮等有机溶剂进行浸泡清除。器物修复前后对比如图 2-36、图 2-37 所示。

图 2-36　明霁兰方形带盖执壶修复前后对比

图 2-37　明龙泉翠青釉棱花盘修复前后对比

三、对于文物信息的提取和保存

从文物保护学的视角来看，文物信息分为材料信息、产地信息、年代信息、工艺信息、功能信息、环境信息、病害信息[8]。本项目中的一件清龙凤纹青花瓷碗，口径 15 厘米、底径 6 厘米，器形基本完整，但口沿有一处疑似修补痕迹。通过细致观察和研究发现，该痕迹应是瓷器烧制之初，工匠为了修复破损的胎体，对该碗进行了简单的修复处理，然后重新上釉再烧制而成，故而此处的釉覆盖了原来的青花纹饰，该痕迹正是文物历史信息的直接体现，需要对此进行记录和保留，如图 2-38 所示。本项目中的另一件明青釉三脚龙足两耳炉，高 11 厘米、腹径 7 厘米、口径 7.8 厘米，除口沿有局部破损外，还发现炉壁外侧有窑粘痕迹，内侧有填充物（图 2-39），修复过程中不能盲目将其视作破损和附着物处理。宋青白瓷喇叭口执壶和明青花水藻纹小瓷碗也有窑粘痕迹，如图 2-40 所示。

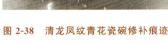

图 2-38　清龙凤纹青花瓷碗修补痕迹

图 2-39　明青釉三脚龙足两耳炉窑粘痕迹及填充物

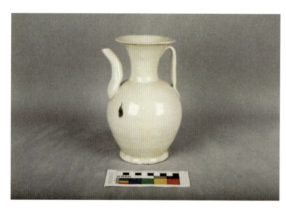

图 2-40　宋青白瓷喇叭口执壶和明青花水藻纹小瓷碗窑粘痕迹

四、对于大面积缺失器物的处理

　　本次修复的器物中有一件宋青瓷瓜棱执壶，残高 15 厘米、腹径 10.4 厘米、底径 8 厘米，破损极为严重，仅剩瓜棱形腹部和底部圈足，口部、颈部、壶流、壶錾均缺失，如图 2-41 所示，修复难度较大。

图 2-41 宋青瓷瓜棱执壶修复前

对该器物进行修复时，首先要寻找修复依据，根据同类型器物（图 2-42）的造型判断所修器物的口、流、錾等大致外形，然后根据颈、流、錾残存部分以及器物补配后整体外形的和谐程度不断进行调整，壶錾的纹路可在补配胶体尚未完全凝固时模仿器物原本制作工艺刻画出来，如图 2-43 所示。由于补配缺乏确切的依据，修复只是表现出其最有可能存在的一种形态，所以上色时必须进行差异化处理，不能与本体颜色完全一致，避免传达出错误的文物信息对观众造成误导。修复后的器物如图 2-44 所示。

图 2-42 宋青瓷瓜棱执壶同类型执壶

图 2-43　宋青瓷瓜棱执壶修复过程

图 2-44　宋青瓷瓜棱执壶修复后

第九节　部分瓷器文物保护修复前后对比

本项目中部分瓷器文物保护修复前后对比详见表 2-10。

表 2-10　部分瓷器文物保护修复前后对比

藏品编号	藏品名称	保护修复前照片	保护修复后照片
00003	青白瓷 瓜棱盖罐		
00006	青白瓷 喇叭口执壶		
00065	吉州窑褐釉 小瓷碗		

续表2-10

藏品编号	藏品名称	保护修复前照片	保护修复后照片
00159	青釉三脚龙足两耳炉		
00168	福建德化贴花白瓷杯		
00169	龙泉翠青釉棱花盘		
00184	青瓷高颈四系盘口壶		

续表2-10

藏品编号	藏品名称	保护修复前照片	保护修复后照片
00397	四耳盘口瓷壶		
00438	青花瓷碗		
00439	白瓷碗		
00665	白釉喇叭口执壶		

续表2-10

藏品编号	藏品名称	保护修复前照片	保护修复后照片
00666	白釉喇叭口执壶		
00667	黄釉喇叭口执壶		
00670-02	敞口莲瓣纹白瓷碗		
00984	荷花瓷碗		

藏品编号	藏品名称	保护修复前照片	保护修复后照片
00996	带盖瓷瓶		
01338	乳白色釉双条喇叭口执壶		
01345-01	白釉敞口高足瓷碗		
01365	影青釉葵口瓷碟		

续表2-10

藏品编号	藏品名称	保护修复前照片	保护修复后照片
01412-02	龙凤纹青花瓷碗	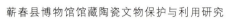	
00008	青白瓷 喇叭口执壶		
00060	青白瓷小碗		
00066	吉州窑黑釉碗		

藏品编号	藏品名称	保护修复前照片	保护修复后照片
00110	青白瓷 山水人物盖罐		
00113	青花婴戏图 小盖罐		
00115	青花牡丹盖罐		

续表2-10

藏品编号	藏品名称	保护修复前照片	保护修复后照片
00122	霁兰方形 带盖执壶		
00160	青花水藻纹 小瓷碗		
00161	青花水藻纹瓷碗		
00162	青花勾莲纹瓷碗		

续表2-10

藏品编号	藏品名称	保护修复前照片	保护修复后照片
00185	青瓷高颈四系盘口壶		
00396	四耳盘口瓷壶		
00668-02	白釉高盘口双耳瓷执壶		
01343	黄釉小口瓜棱瓷罐		

续表2-10

藏品编号	藏品名称	保护修复前照片	保护修复后照片
01412-01	龙凤纹青花瓷碗		
00019	青瓷瓜棱执壶		
00170	龙泉翠青釉 棱花瓷盘		
00931-02	青花带盖小瓷罐		

藏品编号	藏品名称	保护修复前照片	保护修复后照片
01284-01	长命富贵 青花云龙纹瓷碗		
01282-02	富贵佳器 青花团凤瓷碗		

第三章
蕲春县博物馆陶瓷文物预防性保护与展示利用

文物的预防性保护是为实现文物藏品长久保存而开展的一项综合性工程,它是通过有效的质量管理、监测、评估、调控干预等手段,抑制各种环境因素对文物藏品的伤害,努力使文物存放的环境稳定、洁净,最大限度地延缓或阻止环境因素引起的文物性质的改变,从而实现文物藏品长久保存的目的。

第一节　保管中的预防性保护

一、陶瓷文物保护修复后的保存

经过保护修复的陶瓷文物,理想的保存方法是将其放在定做的无酸纸囊匣里面,囊匣内有随形内衬,一般一个囊匣存放一件(套)器物。陶瓷文物陈列时,须放在固定的木架子上,如实木做的博古架,一般不放在玻璃做的架子上;同时,鉴于陶瓷文物易磕碰,在展示时最好用透明尼龙线固定,防止晃动或者地震作用导致器物摔碎。在移动陶瓷文物时,保管人员双手应保持干净和干燥,手上不戴手套和金属配饰。提取陶瓷文物时,要抓住器物的主体,切忌单独提拿把手、耳饰等陶瓷文物的独立部件;在拿放带座、带盖的陶瓷文物时,注意座、盖和主体应单拿单放,不能连盖带座一起拿。

另外,在陶瓷文物经采集或考古发掘出土时,如果需要做标记,应该在器物的隐蔽角落使用笔迹易清除的记号笔标记,以防涂写痕迹渗入陶瓷胎体,否则不仅会给后续的保护修复造成极大干扰,还会严重影响文物展陈效果。

二、陶瓷文物保护修复后的保养

陶瓷文物相对于其他文物来说,对温湿度和光线的敏感度相对较低。但由于陶瓷文物的修复部位存在有机胶类物质,其耐老化性能相对陶瓷文物本身要低,如陶瓷文物长期处于温湿度变化大、光线强烈的环境中,会导致修复部位老化,出现变色或脱落现象。因此,为长久保存保护修复后的陶瓷文物,需将陶瓷文物保存在温湿度相对稳定、光线相对较弱的环境中,库房需配备除湿、控温设备;定时观察陶瓷文物,可用柔软棉布定期擦拭其表面,保证其清洁。

第二节　展陈中的预防性保护

经过保护修复的陶瓷文物,如果要放置于博物馆展厅进行陈列展览,应尽可能平放于温湿度稳定且洁净的环境中。

由于文物展示柜具有密封且空间狭小的特点,相对湿度会随温度的变化产生较为敏感的波动,同时文物在狭小空间中受到温湿度耦合变化的影响较大,所以需要优先监控展柜内温湿度。针对展柜缺少必要的环境调控设备的问题,可采用高效且对文物友好安全的吸附剂、调湿剂等调控材料,或采用空气净化器、微动力电子调湿机等,通过调控设备来控制展柜微环境[9]。

目前,针对博物馆展陈环境中有害气体成分复杂、分子污染物浓度低等博物馆行业普遍存在的情况,并没有精准、小巧、适合实时监测的传感器以备使用,所以博物馆要用有限的设备进行尽可能多的监测检测,可以采用人防监测,即每天固定时间由文物保护中心专业技术人员巡查展柜、展厅中的文物。另外,光辐射会引起文物的光化学反应,同时光的热效应会使展柜内温度升高,因此需在博物馆安装照明实时监测传感系统。

　　此外,经过保护修复的陶瓷文物,其修复材料多数不耐剐蹭,在器物展览前,工作人员需要认真阅读修复报告和档案,深入了解器物修复前后状态;在展览过程中,若需要使用鱼线或支架固定修复器物,应该尽可能避开修复部位,避免对文物造成破坏。

第三节　展示利用

一、县级博物馆的地位及职责

　　博物馆是为社会服务的非营利性常设机构,它主要研究、收藏、保护、阐释和展示物质文化遗产与非物质文化遗产,促进文化的多样性和可持续发展,向社会公众开放,具有可及性和包容性。1905 年,我国第一家公共博物馆——南通博物苑诞生。历经一百多年的发展,全国博物馆总数达到 6 565 家(截至 2022 年),排名全球前列。我国博物馆事业已经初步形成"以国家级博物馆为龙头、省级博物馆为骨干,国有博物馆为主体、民办博物馆为补充,类别多样化、举办主体多元化的博物馆体系"[10]。

　　县级博物馆是我国博物馆的重要组成部分,目前,全国大部分县区都建有博物馆。县级博物馆主要职责是对本县的历史文物进行征集、保护、陈列、研究并提供咨询服务,同时负责本县馆藏文物管理,地面文物、地下文物的保护,文物调查与研究,并配合考古发掘等。县级博物馆直接面向当地人民群众,既是展示地方历史发展和文化面貌的重要平台,也是宣传地方物质文明和精神文明的窗口,在提高城乡人民文化素养、丰富当地人民群众精神文化生活、促进社会全面发展等方面发挥着越来越大的作用。

二、蕲春县博物馆展陈现状和困境

一方面,蕲春县博物馆的两大基本陈列"皇族遗风——荆王府出土文物专题陈列"和"长江名城——罗州城",受博物馆自身展陈环境以及安防条件的制约,只能对外展示普通文物以及精品文物的复制件;专题陈列"蕲春历史名人图片展"则是通过图文展板进行简单的科普介绍,系统性不足,也缺乏相关实物展品;"蕲春县墓碑石刻展"则是利用放置于地面的大通柜进行展示,展陈装置简陋,展示效果不佳。总而言之,馆内陈列还有较大提升空间。另一方面,蕲春县博物馆向其他地区展出的"金玉大明——郑和时代的瑰宝""金·玉·玲珑——大明王室的宝藏""金色记忆——中国 14 世纪前出土金器特展"等展览,深受社会各界的欢迎和好评,博物馆内外展出成效形成鲜明对比。

蕲春县博物馆相比国家级、省级博物馆还存在较为明显的劣势,其原因主要可以概括为以下四点:一是资金匮乏,蕲春县博物馆为地方事业单位,其组织和开展各项活动完全依靠地方财政(县级)全额拨款,资金匮乏限制了博物馆藏品征集、展览策划、宣传教育等各项活动的开展;二是博物馆宣传力度不够,影响力相比于一、二级博物馆十分有限,知名度有待提高;三是文物数量不多,品质一般,蕲春县博物馆的绝大多数藏品为铜币和清代、中华民国时期的普通瓷器,馆藏文物除了金银器以外,其他材质的藏品数量不多,品质较为一般,尤其是精品文物较为匮乏;四是专业人才稀缺,缺少专项人才引进资金的支持,难以吸引精通业务的复合型人才[11]。

三、关于加强蕲春县博物馆藏品展示利用的思考

博物馆事业是建设社会主义文化强国的重要内容,是国家文化软实力的集中体现,是跨文化交流的重要平台。近年来,习近平总书记多次强调文物活化利用的重要

性,要"让收藏在博物馆里的文物、陈列在广阔大地上的遗产、书写在古籍里的文字都活起来"。博物馆作为文物和标本的主要收藏机构、宣传教育机构、科学研究机构,是让文物"活"起来的重要参与者和执行者。

新时期,县级博物馆应正视自身的劣势和发展困境,根据自身的优势和特长找准定位。针对财政对博物馆的财物资源投入不足以满足博物馆事业快速发展需要的问题,要建立和完善博物馆的社会资金筹措机制,广泛利用社会资源,拓展博物馆的资金筹措渠道,减少博物馆对政府财政支持的依赖性;针对藏品数量和质量有限的问题,应加大征集力度,或与周边县市的兄弟博物馆达成资源共享模式,拓展藏品征集范围,提升县级博物馆藏品数量、优化县级博物馆藏品结构,将能体现地方文化特色、具有深厚地方乡土情的文物,以及本县域发展历程的各类见证物纳入县级博物馆征集工作范围,丰富县级博物馆馆藏[12]。博物馆也需要重视对已有文物价值的挖掘,开发文物背后的故事,优化陈列展览,打造本馆、本地的文化品牌,树立以人为本的服务和发展定位,激发观众参观展览和学习历史文化的主动性,并积极与各方合作举办多种形式的陈列展览与宣教活动,加大宣传力度。在这一过程中,县级博物馆要冲破传统思想的枷锁,提高创新意识,跟上时代的脚步,扩大县级博物馆的文化影响力,实现县级博物馆自身的社会价值。

(一) 注重社会效益与经济效益相统一,促进文化和旅游资源相融合

博物馆是地方重要的文化资源和旅游休闲场所,当前不少博物馆成为城市新的地标和"网红"打卡点。博物馆是为社会服务的非营利性机构,要坚持把社会效益放在首位,在保证社会效益的前提下可以追求一定的经济效益[13]。在文旅融合深入推进的背景下,博物馆要转变发展思路,主动与旅游市场相结合,强化合作意识,与本地区的新闻媒体、旅游企业、服务机构等协同合作,整合优势资源,营造良好的文物展示环境,开发文化旅游项目,吸引广大游客前来参观,从而助力文化旅游产业的发展。博物馆要

及时宣传最新展览、文创产品等信息,改变博物馆旅游消费单一的现状,通过文创产品销售、餐饮服务、休闲娱乐服务等方式,满足游客的消费需求,积极适应文化旅游的发展,拓展新的消费服务方式,实现社会效益和经济效益相统一,促进博物馆可持续发展。

蕲春县博物馆是蕲春文旅融合发展链条中的一环,仅靠博物馆单一的影响力和实力打造旅游项目或旅游线路难度极大。蕲春县拥有丰富的旅游资源,其中红色旅游景点就有刘邓大军高山铺战役总指挥部旧址(图 3-1)、高山铺战役纪念馆、胡风纪念馆、李山生态旅游区、董毓华革命烈士事迹陈列馆等。蕲春还是"中国艾都",不仅有众多蕲艾种植基地(图 3-2)和蕲艾企业,也有不少生态养生旅游度假村(图 3-3)。蕲春县博物馆可以与各机构开展合作,合理设计旅游路线,提高服务质量,顺应旅游市场需求,打造一条集旅游观光、学习教育、文化传播等为一体的精品旅游路线。

图 3-1　刘邓大军高山铺战役总指挥部旧址

图 3-2　蕲艾种植基地

图 3-3　蕲春生态旅游度假村

(二) 加强专业人才队伍培养

博物馆各项基础工作如展陈设计、文物开发、文物保护修复等都离不开高素质人才。由于历史和现实等方面的原因,县级博物馆常有馆员年龄结构老化、专业不对口、专业技术人才缺乏等一系列问题。蕲春县博物馆属副科级事业单位,共有在职人员 12 人(其中文博专业技术人员 7 人),其中馆长 1 名、副馆长 1 名、讲解员 1 名、安全保卫人员 4 名、展室管理人员 3 名、库房管理人员 2 名,馆内设办公室、宣教业务科、安全保卫科等科室,馆内的人员配置基本能满足日常工作需求,但难以适应新时代下博物馆高速综合发展的需求。参照国内外对于博物馆人才培养的经验和教训,蕲春县博物馆人才培养可以从以下几个方面着手:

(1)蕲春县政府加大财政支持力度,专款专用,招聘符合博物馆长远发展需求的专业技术人员,充分利用县内各种资源,加强馆校合作、馆企合作,多层次、多渠道培养人才。

(2)蕲春县博物馆创造条件,鼓励工作人员自学相关专业知识,在能力范围内为工作人员提供进修的机会;博物馆之间可通过加强馆际交流合作,互派工作人员学习参观、交流经验;博物馆内部也可以定期开展业务培训。

(3)工作人员应积极主动提高业务技能和理论研究水平,在实践中增长经验。

(三) 打造精品陈列,提升展陈环境

陈列展览是博物馆开展社会服务和社会教育的有效渠道和最佳切入点,也是博物馆履行职责、实现使命的主要方式。一方面,蕲春县博物馆应立足本地的传统文化与风土人情,立足馆藏情况,开发文物背后的故事,优化陈列展览,打造本馆本地的文化品牌,"讲好城市故事"[14]。对现有的基本陈列"皇族遗风——荆王府出土文物专题陈列"和"长江名城——罗州城",应更深度提炼与阐述文物价值,将文物信息更加全面地展示给观众,做到真正让文物"活"起来;对于专题陈列,要不断挖掘本地历史轶事、文化名人以及体现当地民俗的非物质文化遗产,充实和完善"蕲春历史名人图片展""蕲

春县墓碑石刻展""蕲春宗教遗迹展""蕲春县馆藏古字画精品展"等展览,在博物馆资金与建筑空间允许的条件下将这些专题陈列设为常设展览。要尽可能改变过去单调的信息单项输送的展览模式,在展览中提高观众的参与度;要不断举办各类精品展陈和特色展览,突出地方文化特色,增加本土观众的地方自豪感。

另一方面,蕲春县博物馆可以加强与其他博物馆的联系,带动馆内精品文物外出展陈,拓宽展示渠道,馆际合作举办展览,积极推进特色藏品资源共享和展览使用,提升博物馆及特色展品的知名度和影响力。此外,还可以与民间收藏者加强沟通与合作,对有意愿进行藏品展示的民间收藏者,博物馆应发挥自身优势为其提供展示空间;对于数量较多、质量较高的藏品,可与收藏家合作,为其提供展览场地,为观众提供丰富多彩的展览。

(四) 创新宣传,加强数字化技术应用

蕲春县博物馆主要借助黄冈新闻网、蕲春县人民政府网、蕲春新闻网等官方网站发布最新展览信息,同时也在微信公众号上按时推送与博物馆活动、藏品有关的文章,使博物馆的影响力超出所在地,拉近了与社会公众的距离。蕲春县博物馆需要充分利用前期积累的网上展示宣传优势,进一步将先进科技手段融入博物馆工作,积极借助科技力量让文物藏品"活"起来。

目前,数字化浪潮方兴未艾,"互联网+"已经全面渗透到各个领域。借助互联网等技术对外宣传最新的展览,普及最新的文物藏品研究成果,是近年来随着信息技术的发展形成的新潮流。蕲春县博物馆创新宣传,加强数字化技术应用,一方面要加快藏品与展览数字化平台建设,构建蕲春县博物馆官方网站,将更多的展览搬到线上展厅,使数字化藏品以全新的方式展示给观众;另一方面,微博、抖音、快手、哔哩哔哩、微信视频号等平台在文化传播中的作用越来越突出,博物馆要紧跟时代潮流,注重利用现代科技手段丰富内容表达形式,增加观众的互动点,尽可能扩大影响力,"讲好蕲春故事"。

（五）提高服务水平，重视公众参观体验

博物馆是地区传统文化保护、传承、研究、展示、利用的重要场所，作为地方文化机构，在关注地区发展、繁荣地区文化、提高地区居民素质、推动地区经济建设等方面具有不可推卸的责任。近年来，社会公众对于文化的需求逐渐呈现出多层次、多样化的特点，博物馆应该充分利用自身的文物资源，发挥自身产业优势，积极投身于地区服务，重视公众参观体验，尽可能提高服务水平，营造良好的参观环境，满足观众参观需求。

蕲春县博物馆是黄冈市青少年革命传统教育基地，是蕲春县中小学研学实践教育基地。为推进学校教育和博物馆教育的深入合作，发挥博物馆的藏品、展览等资源的教育作用，蕲春县博物馆建立了中小学生学习蕲春历史文化的长效机制，让中小学生每一学期都能走进博物馆参观学习。目前蕲春县博物馆影响力和服务能力比较有限，活动的对象仅限于部分学生，观众参与程度和参与体验有待提高。蕲春县博物馆应与时俱进，不断推出与时代主题、与人民群众需求相吻合的活动，要注重与社会的联系以及信息的双向传播。蕲春县博物馆与学校的合作可以形成一套完整体系，除了让中小学生走进博物馆，还可考虑学校的课程设置，结合教学内容，有针对性地策划展览，培养学生热爱传统文化、保护历史文化的意识。另外，蕲春县博物馆可以拓宽教育服务活动的覆盖面，一方面，可以和当地的企事业单位合作，定期举办不同类型的文化交流会；另一方面，可以组织青少年"暑期夏令营"，定期举办观众感兴趣的讲座、知识竞赛等活动，提升公众的参观热情。蕲春县博物馆还应该积极融入社区，深入乡村，进行展览宣传和文化知识教育，充分发挥博物馆在加强爱国主义教育、改善民众精神文化生活等方面的积极作用。

第四章
蕲春县博物馆陶瓷文物精品赏析

陶杯

新石器时代

高 8.5 厘米，口径 10 厘米，底径 6.5 厘米

彩绘三足鼎

战国时代

三孔陶灶

西汉

三足灰陶仓

东汉

高 30.5 厘米,口径 7 厘米,底径 15 厘米

多子陶盒

西晋

口径 19.5 厘米，底径 19 厘米

陶俑

唐

高 40.4 厘米,胸宽 13 厘米,胸围 32 厘米

陶镇墓兽

唐

高 34 厘米

灰陶楼

明

高 9.5 厘米,底长 13.4 厘米,宽 12.7 厘米,脊长 17.3 厘米

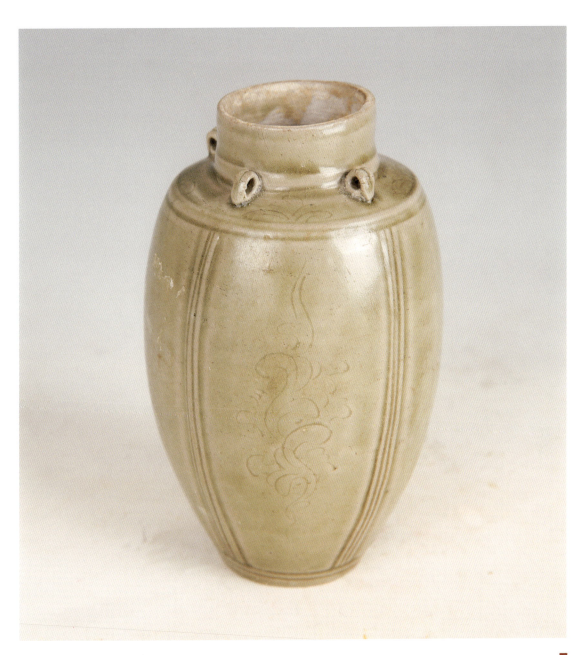

四系瓜棱罐

北宋

口径 4.2 厘米,腹径 8.5 厘米,底径 4.6 厘米

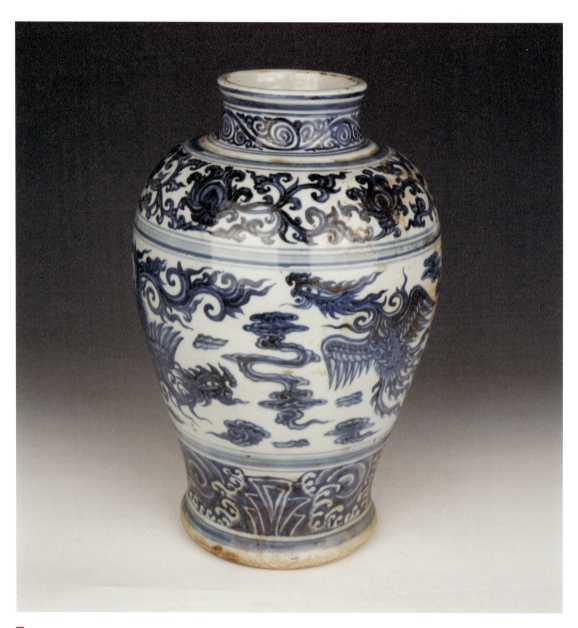

青花凤凰牡丹瓷罐

明

口径 10.3 厘米, 腹径 21.3 厘米, 底径 15.2 厘米

珐华五彩仙鹤莲鹭纹瓷罐

明

口径 19 厘米,腹径 29.5 厘米,底径 17.2 厘米

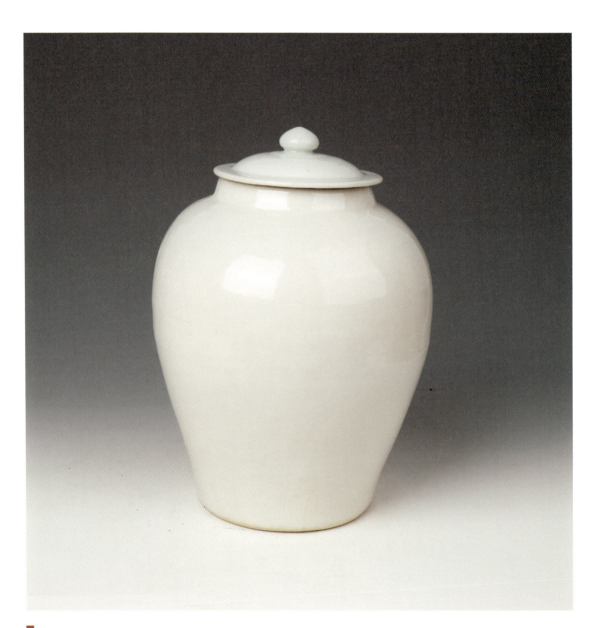

甜白釉暗刻云龙纹瓷盖罐

明

高 29 厘米, 口径 11.5 厘米, 底径 14.5 厘米

青白釉瓷茧形盘口壶

宋

高 28.5 厘米，口径 8 厘米，腹径 16.5 厘米，底径 8.4 厘米

青白釉瓷茧形盘口瓶

宋

高 28.5 厘米，口径 8 厘米，腹径 16.5 厘米，底径 8.4 厘米

青白釉瓷托盏

北宋

高 6.1 厘米，直径 12.2 厘米，口径 4.2 厘米，底径 6.8 厘米

荷花瓷碗

北宋

口径 15 厘米,底径 5.9 厘米

屋顶形瓷盖罐

北宋

高 9 厘米，口径 6.3 厘米，底径 4 厘米

青白瓷瓜棱盖罐

宋

高 24.5 厘米,口径 4.3 厘米,腹径 17.5 厘米,底径 9.2 厘米

黄釉瓷枕

宋

高 8.5 厘米，长 15.2 厘米，宽 9.9 厘米

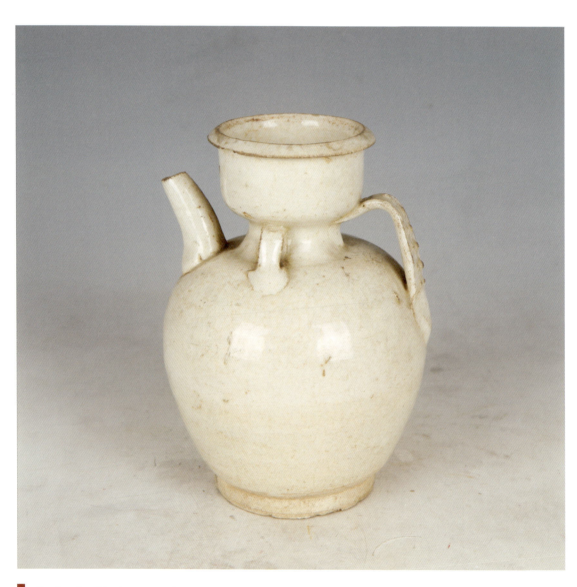

青白瓷喇叭口执壶

宋

高 14.5 厘米,口径 6.5 厘米,腹径 11.5 厘米,底径 6.6 厘米

青白瓷喇叭口执壶

宋

高 11.6 厘米，口径 6 厘米，腹径 9 厘米，底径 6.6 厘米

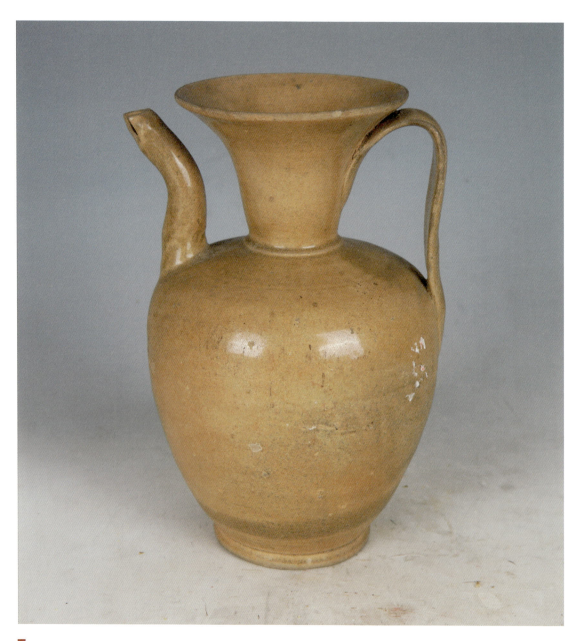

黄釉喇叭口瓷执壶

宋

高 18.5 厘米,口径 5.6 厘米,腹径 10.1 厘米,底径 6.3 厘米

青白瓷卷唇碗

宋

高 3 厘米, 口径 11.5 厘米, 底径 4.5 厘米

吉州窑黑釉瓷碗

宋

高 4.1 厘米，口径 11.1 厘米，底径 4.4 厘米

青白瓷高足圆碗

宋

高 5.4 厘米，口径 9.8 厘米，底径 4.2 厘米

青白瓷水盂

宋

高 2.5 厘米，口径 3.1 厘米，腹径 5.2 厘米，底径 3 厘米

佛像灰陶皈依瓶

元

高 33.5 厘米，口径 7.6 厘米，腹径 13.5 厘米，底径 7.4 厘米

豆青釉竹节高足瓷碗
明
高 9 厘米，口径 11 厘米，底径 3.5 厘米，足高 4.5 厘米

青花瓷罐

明

高 9 厘米，口径 5.1 厘米，腹径 8.9 厘米，底径 6 厘米

青白瓷山水人物盖罐

明

高 8.5 厘米，口径 5.4 厘米，腹径 9.5 厘米，底径 6 厘米

青花婴戏图瓷盖罐

明

高 11.7 厘米，口径 4.7 厘米，腹径 8.9 厘米，底径 6 厘米

青白瓷兰花盖罐

明

高 11.3 厘米，口径 5.5 厘米，腹径 8.5 厘米，底径 6 厘米

六方形青花瓷罐

明

高 11.5 厘米，口径 5.2 厘米，腹径 9.8 厘米，底径 5.7 厘米

青花缠枝莲纹盖罐

明

口径 5.2 厘米, 腹径 10.2 厘米, 底径 6.7 厘米

青花喇叭口瓷执壶

明

高 15.5 厘米,口径 7 厘米,腹径 10.5 厘米,底径 7 厘米

173

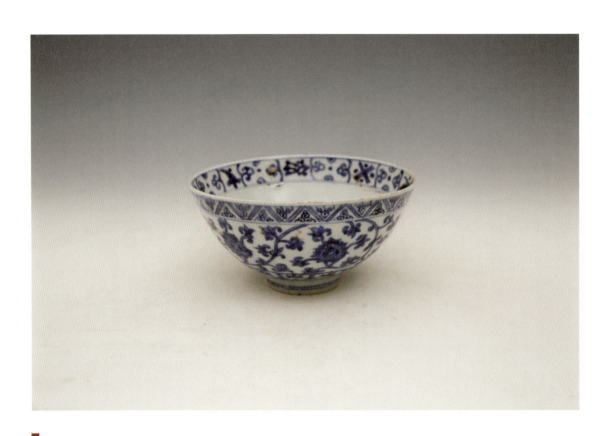

青花瓷碗

明

高 4.7 厘米,口径 13 厘米,底径 4.5 厘米

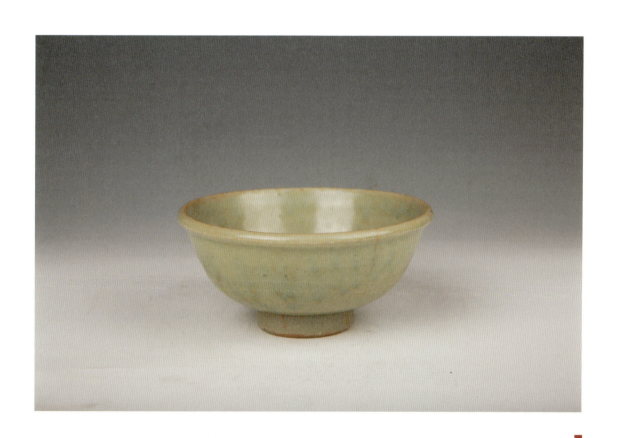

龙泉青釉碗

明

长命富贵青花云龙纹瓷碗

明

口径 14 厘米,底径 5 厘米

青釉三脚龙足两耳炉

明

高 11 厘米，口径 7.8 厘米，腹径 7 厘米

福建德化贴花白瓷杯

明

高 7 厘米,口径 13.1 厘米,底径 4.5 厘米

福建德化贴花白瓷杯

明

高 7 厘米，口径 14.1 厘米，底径 5 厘米

青花五连瓷瓶

清

高 22.8 厘米,腹径 16 厘米,底径 12 厘米

粉彩瓷枕

清

高 8.5 厘米, 长 32.5 厘米, 宽 13.4 厘米

粉彩高足瓷盘

清

高 4.7 厘米，口径 24.8 厘米，底径 12.2 厘米

粉彩高足瓷盘

清

高 5.2 厘米，口径 22.6 厘米，底径 14.5 厘米

九头瓷碗

清

高 2.5 厘米,口径 14 厘米,底径 4.8 厘米

青花过墙龙头瓷碗

清

口径 19.7 厘米，底径 7.7 厘米

霁兰描金双耳扁方瓷瓶

清

高 40 厘米,口径 15.8 厘米,腹径 19.5 厘米,底径 15.1 厘米

过墙龙瓷盘

清

口径 19.4 厘米，底径 12.2 厘米

白釉开片瓷缸

清

口径 36.7 厘米，腹径 36.8 厘米，底径 21 厘米

白釉花鸟瓷筒

清

高 23.5 厘米，口径 12 厘米，底径 12 厘米

双龙耳开片瓷瓶

清

高 22.5 厘米, 口径 7.5 厘米, 腹径 10 厘米, 底径 6.5 厘米

青花折枝方形香台

清

高 20.5 厘米，口宽 8.2 厘米，底宽 7.2 厘米

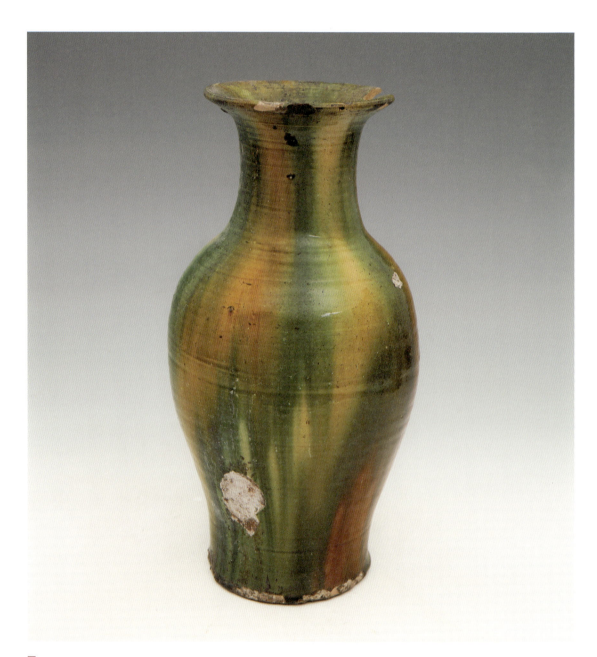

多彩长颈喇叭口瓷瓶

中华民国时期

高 29.5 厘米，口径 11 厘米，腹径 15 厘米，底径 10.6 厘米

青白瓷侍女像

中华民国时期

高 20 厘米，肩宽 5.5 厘米

绿釉青虫喜形瓷花钵

中华民国时期

高 9 厘米，口径 9 厘米，底宽 17.5 厘米

R参考文献
eferences

［1］蕲春县地方志编纂委员会.蕲春县志(1986—2007)［M］.武汉：崇文书局，2015.

［2］蕲春县文物局，蕲春县博物馆.湖北蕲春荆王府［M］.武汉：湖北科学技术出版社，2014.

［3］吴晓松.蕲春罗州城——2001 年发掘报告［M］.黄冈市博物馆，湖北省文物总店，编著.北京：科学出版社，2007.

［4］李奇.湖北陶瓷［M］.武汉：湖北科学技术出版社，2018.

［5］朱祥德，李奇.修和集粹：湖北省文物交流信息中心陶瓷文物保护修复研究与实践汇编［M］.武汉：武汉出版社，2022.

［6］李晓东.文物学［M］.北京：学苑出版社，2005.

［7］李奇.古陶瓷修复技艺实录［M］.武汉：武汉理工大学出版社，2017.

［8］龚德才，徐津津.文物保护学视角下的文物信息学［J］.中国文化遗产，2015(02)：46-51.

［9］宋家慧.关于预防性保护措施在馆藏文物保护中的应用［J］.文物鉴定与鉴赏，2020(15)：96-97.

［10］国家文物局.关于印发《博物馆事业中长期发展规划纲要(2011—2020 年)》的通知［EB/OL］.(2012-02-02)［2023-09-12］.http：//www.ncha.gov.cn/art/2012/2/2/art_2237_42262.html.

［11］张晓云.县级博物馆藏品来源与征集困境主要影响因素探讨［N］.中国文物报，2021-10-26(006).

［12］赵维娜，张鑫.论县级博物馆如何融入当代社会生活［J］.乾陵文化研究，2019：329-333.

［13］曾韵熹.广西藤县博物馆文物的保护与展示利用研究［D］.南宁：广西民族大学，2021.

［14］郭海燕.馆藏文物"活化"展示利用探索与实践——以平凉市博物馆为例［J］.文物鉴定与鉴赏，2020(03)：146-147.